U0111744

大展好書　好書大展
品嘗好書　冠群可期

大展好書　好書大展
品嘗好書　冠群可期

迷蹤拳系列；8

迷蹤拳（八）

李玉川　劉俊琦　編著

大展出版社有限公司

作者簡介

李玉川，河北省滄州市青縣人，1951年出生。既嗜拳術，又喜文墨。8歲始從名師學練迷蹤拳，數十年練功不輟，系統、全面掌握迷蹤拳的理論和技術體系。他博學多求，勤練精研，先後學練了八極、八卦、意拳（大成拳）等拳術多種。同時，他重視對武術理論的研究，閱讀了大量武術史料和書刊，寫下了很多的讀書筆記，致力探求武術之真諦。1996年8月，在青縣成立迷蹤拳協會時被推選爲協會主席。2001年9月，在青縣迷蹤拳協會改建爲研究會時被推選爲會長。作者爲滄州市武協委員，中國迷蹤拳當代重要代表人物。

近幾年來傾心於對迷蹤拳的研究、整理和傳播，撰寫系列叢書，錄製「中華武術展現工程」系列光碟。在《精武》《武林》《中華武術》等刊物上發表作品多篇。爲培養武術人才建立了全國獨家迷蹤精武館，任館長、總教練。

作者簡介

　　劉俊琦，河北省滄州市青縣人。1956 年出生。自幼師從於迷蹤拳名師王朝選先生，擅長迷蹤拳、械及本門功法，兼練其他拳術多種。從事武術研究、教學訓練二十餘年。

　　作者現任東方武術館館長、總教練。其學生以優異成績考入滄州體校、河北體院、天津體院、北京體育大學等院校武術系，爲國家輸送和培養了一些人才。

前　言

　　在迷蹤拳豐富的器械內容中，單人習練雙器械套路比較多。這些套路多數比較古老，屬稀有器械，習練者較少，流傳不廣。

　　本書內容包括迷蹤拳雙鈎、雙鐮、雙拐、佛塵劍、雙匕首、雙鉞、刀加拐等七章。

　　爲了使這些古老稀有、特點突出、傳統優秀的寶貴遺產不致失傳，並得以繼承和發揚，我們將主要的套路整理成冊，獻給武術愛好者和我國的武術事業。不妥之處，請武林同道指正。

編著者

於右腰側，使鉤身平置於腰前，鉤尖向下；左鉤隨體轉掃
至體前，鉤尖向右。目視左鉤。（圖1-5）

【用途及要點】敵持械攻我右前方，我轉體用右鉤外
摟敵械，左鉤掃敵中盤。轉體、提膝、收鉤要同時完成。
雙鉤平掃時要快速有力。

4. 順風打旗

上體左轉，右腿直立，左腿屈膝提起，腳面繃平，腳

尖向下，成右獨立步。同時，
右手握鉤，直臂右前上舉，使
右鉤身直立於右前上方，鉤尖
朝前；左手握鉤，臂內旋隨體
轉順勢屈肘於左胸前，使左鉤
身平置於體前，鉤尖朝前。目
視右鉤。（圖1-6）

圖1-6

【用途及要點】左鉤月鋒
畫敵械，右鉤豁畫敵上盤。轉
體、提膝、左鉤畫收、右鉤豁
畫要同時完成。

5.秋風掃葉（左）

（1）左腳向左落步，左腿屈膝半蹲，右腿伸直，成左
弓步。同時，左手握鉤，經前向左前平掃，鉤尖向左；右
手握鉤，臂外旋，使右鉤平擺於身體右側，鉤尖向前。目
視左鉤。（圖1-7）

（2）上體左
轉，右腳向前上
步，屈膝半蹲，左
腿伸直，成右弓
步。同時，左手握
鉤，向左、向後繞
弧形平掃，鉤尖向
右；右手握鉤，隨
體轉直臂弧形掃至

圖1-7

圖1-8

體前，鈎尖向左。目視右鈎。（圖1-8）

【用途及要點】敵持械攻我中、上盤，我用左鈎向左後鈎掛敵械，右鈎摟掃敵中盤。轉體要快，上步要疾，雙鈎平掃要快速有力。

6.秋風掃葉（右）

（1）左腳向前上一步，左腿屈膝半蹲，右腿伸直，成左弓步。同時，右臂內旋，右手握鈎，由前向右直臂平掃，鈎尖向後；左臂外旋，左手握鈎，由後經身體左側弧形掃至體前，鈎尖向右。目視左鈎。（圖1-9）

（2）兩腳不動。兩手握鈎，使雙鈎繼續向右後平

圖1-9

掃，右臂伸直，鈎尖向
左；左臂屈肘內旋，使
鈎尖朝右。目視右鈎。
（圖 1-10）

圖 1-10

　　【用途及要點】右
鈎掃敵中盤，敵退逃，
我用左鈎追摟之。雙鈎
同時摟掃前、右、後之
敵。雙鈎右後掃擊時要
平、要圓，左鈎月鋒外
翻時不要離身太近，以免鈎鋒畫身。

7.烏鶯趕浪（左）

　　（1）右腳向前上一步，右腿屈膝半蹲，左腿伸直，成
右弓步。右臂外旋，兩手握鈎，使雙鈎由右後經右上向左
前弧形斜劈鈎。目視左鈎尖。（圖 1-11）

　　（2）左腿屈膝半
蹲，右腳活步後移，右
腳尖落於左腳內側，兩
腿隨即屈膝下蹲，成右
丁步。同時，兩手握
鈎，使雙鈎由前向下經
身體左側向後鈎帶，雙
鈎尖斜向下。目視左鈎
尖。（圖 1-12）

　　【用途及要點】雙

圖 1-11

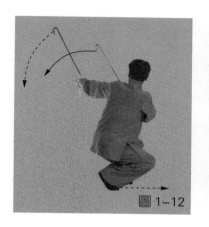 

圖 1-12　　　　　　　　圖 1-13

鈎同時劈前敵，摟畫左後之敵。右腳上步與雙鈎左前斜劈
要同時進行，右腳後移、重心下沉與雙鈎左後摟帶要協調
一致。

8.烏鸞趕浪（右）

（1）身體稍上起，右腳向前上步，右腿屈膝。同時，
兩手握鈎，使雙鈎尖向
左、向後繼續畫弧。目視
左鈎尖。（圖1-13）

（2）左腳向前上一
步，左腿屈膝半蹲，右腿
伸直，成左弓步。兩手握
鈎，使雙鈎由後經左上向
右前斜劈，雙鈎尖均向
下。目視右鈎。（圖1-
14）

圖 1-14

（3）左腳活
步後移至右腳內
側，腳尖著地，兩
腿隨即屈膝下蹲，
成左丁步。同時，
雙手握鈎，使雙鈎
由前向下、向右後
摟帶。目視右鈎。
（圖1-15）

圖1-15

【用途及要點】雙鈎同時劈砍右前之敵，摟掃右後之
敵。雙鈎前劈時要用力，力在尖刃，後摟時要快速，力在
鈎尖。

9.青龍翻身

（1）身體上起，左腳向前上步，左膝稍屈。兩手握
鈎，右臂外旋，左臂內旋，使雙鈎同時向右、向後畫弧。
目視右鈎。（圖
1-16）

（2）右腳向
前上步，右腿屈膝
成右弓步。雙手握
鈎，使雙鈎同時經
上向前直臂弧形劈
鈎。目視右鈎。
（圖1-17）

圖1-16

（3）身體左轉，兩腿自然成左虛步。兩手握鈎，由前向下隨體轉向左前畫弧。目視右鈎。（圖1-18）

（4）左腳向後插步，左腿伸直，右腿屈膝半蹲，腳尖外展，成左插步。同時，兩手握鈎，由前經右上向後反劈鈎。目視右鈎。（圖1-19）

【用途及要點】敵分前後攻我，我用雙鈎先撩前敵後劈身後之敵。轉體要快，雙腳支撐要穩固，雙鈎劈撩要快速有力。

10.夜叉巡山

兩腳碾地，使身體左轉270°，左腿屈膝，右腿伸直，成左弓步。雙手握鈎，隨

圖1-17

圖1-18

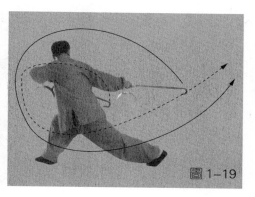

圖1-19

圖1-20

體轉使雙鈎向左平掃至體前，雙鈎尖均向左下。目視左鈎尖。（圖1-20）

　　【用途及要點】左鈎隨體轉鈎掃四方敵之來械，右鈎隨左鈎掃擊四方之敵。兩腳支撐轉體要穩、要快，雙鈎平掃時盡量放大幅度。

第　二　段

11.暗渡陳倉

　　（1）身體右後撐轉兩腿稍屈。兩手握鈎，右臂內旋，左臂外旋，使雙鈎尖向右、隨體轉掃至體前。目視右鈎。（圖1-21）

圖1-21

（2）右腿直立支撐，左腿屈膝上提，腳尖向下，成右獨立步。右手握鈎，由前向下經身體右側向後弧形直臂反撩；左手握鈎，臂內旋，屈肘架於頭頂上方，鈎尖朝上。目視右鈎。（圖1-22）

圖1-22

【用途及要點】左鈎上架敵械，右鈎反鈎身後之敵。提膝、架鈎、反撩鈎要同時完成。

12.回頭摘項

（1）左腳向體前落地，左腿屈膝成左弓步。左手握鈎，由上向前直臂劈鈎；右手握鈎，臂外旋使右鈎上提身後，鈎尖向右。目視右鈎。（圖1-23）

圖1-23

（2）右腳向前上步，右腿屈膝成右弓步。同時，左手握鈎，臂內旋，使左鈎由前向左、向後弧形平掃；右鈎由後經右平掃至體前。目視右鈎。（圖1-24）

（3）身體左後擰轉，左腿屈膝，右腿伸直，成左弓步。同時，左鈎繼續向左後平掃；右手握鈎，隨體轉掃至體前。目視右鈎。（圖1-25）

【用途及要點】雙鈎於體前後分別掃擊四方之敵。上步迅速，轉體要疾，雙鈎平掃要快速有力，掃鈎時要借助轉體慣力。

圖1-24

圖1-25

13. 雙鈎回環

重心後移，右腿屈膝，腳尖外展，左腳向右後插步。同時，左手握鈎，臂稍外旋，使左鈎由後向下經身體左側向前上弧形撩鈎，鈎尖向前上；右手握鈎，臂內旋，由前向下經身體右側向後反撩。目隨視右鈎。（圖1-26）

【用途及要點】

敵分前後攻我，我用左鈎撩擊前方之敵，右鈎反撩身後之敵。插步、前後撩鈎要同時完成。

14. 力闖雙關

（1）兩腳碾地，使身體左後轉，左腿屈膝，右腿伸直，成左弓步。同時，左手握鈎，臂內旋，使左鈎隨體轉經上向前劈鈎；右手握鈎，臂外旋使右鈎向左平掃至體後。目視左鈎。（圖1-27）

圖1-26

圖1-27

（2）右腳向
前上一步，右腿屈
膝半蹲，左腿伸
直，成右弓步。同
時，左手握鈎，臂
內旋，使左鈎由前
向左、向後下弧形
斜摟；右手握鈎，
由後向上、向前直
臂劈鈎。目視右鈎。（圖1-28）

圖1-28

【用途及要點】敵持械劈我上盤，我用左鈎順敵械杆
畫劈敵手臂，敵退，我用右鈎追劈敵上盤。轉體要疾，上
步輕靈迅速，雙鈎前劈要快速有力，力達尖刃。

15.二虎搶食

（1）左腳離地屈膝提擺，左腳面貼扣於右膝後側，右
腿隨即屈膝。同時，左手握鈎，由後稍向上提；右手握
鈎，臂外旋，使右
鈎由前向左後弧形
掃鈎，鈎尖向右
後，左臂伸直，右
臂屈肘於胸前。目
視左鈎。（圖1-
29）

（2）左腳向
前落地，左腿屈膝

圖1-29

成左弓步。右臂內旋，兩手握鈎，使雙鈎由左後同時向上、向前弧形劈鈎。目視右鈎。（圖1-30）

【用途及要點】

敵持械從前方攻我中盤，我用右鈎左畫敵械後，雙鈎同時劈砍敵上盤。左腳提擺與

圖1-30

右鈎左掃、左鈎上提要同時進行，左腳落地與雙鈎前劈要協調一致。

16. 雙龍戲珠

左腳活步後移，腳尖著地，重心下沉成左虛步。同時，兩手握鈎，使雙鈎由前向下分別經體側向後、向上、向前點鈎，雙鈎尖朝前下，兩肘微屈。目視右鈎尖。（圖8-31）

【用途及要點】

雙鈎同時鈎掛左右敵之來械，反撩身後之敵，劈點前敵之上盤。雙鈎立圓繞行時要貼近身體，切勿使雙鈎觸身。

圖1-31

17. 回頭望月

　　左腿屈膝支撐，
右腳向前快速彈踢。
同時，雙手握鈎，雙
臂內旋，使雙鈎由前
向右、向後平掃，左
臂屈肘於胸前，右臂
伸直。目視右腳。
（圖1-32）

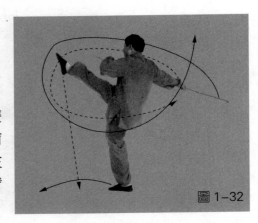

圖1-32

　　【用途及要點】雙鈎掃擊右後之敵，同時右腳彈踢前
敵襠、腹部位。右腳彈踢時要快速有力，力在腳尖。雙鈎
後掃時要剛猛快疾，彈踢、掃鈎要同時完成。

18. 鴛鴦比翼

　　（1）右腳體前落地，腳尖內扣，上體隨之左轉，左腳
向右後插步，兩腿交叉屈膝。左手握鈎，隨體轉順勢貼於
右腋前，鈎身平置於
體右側，鈎尖朝前；
右鈎向上、經頭頂上
方弧形雲繞至左肩
前，雙臂交叉環抱，
右臂在上，雙鈎尖朝
前。目視右鈎尖。
（圖1-33）

圖1-33

圖1-34

（2）兩腿屈膝下蹲，成歇步。同時，兩手握鈎，使雙鈎同時向前、分別向體側弧形平掃，兩臂伸直，兩鈎尖均向後。目視右鈎。（圖1-34）

【用途及要點】雙鈎同時剪挫體前之敵，平掃左右方之敵。轉體、插步、雙臂交叉環抱要同時進行。雙鈎左右平掃、重心下降要協調一致。

第 三 段

19.六甲護身

（1）身體上起左轉，左腳向前上步，左腿屈膝成左弓步。同時，左手握鈎，使左鈎隨體轉繼續向左平掃；右手握鈎，臂外旋，使右鈎由後經右上斜向左前畫弧。目視右鈎。（圖1-35）

（2）左腳直立支撐，右腿屈膝提起，腳尖向下，成左獨立步。同時，兩手握鈎，使雙鈎繼續向左後平掃，上體

圖1-35　　　　　圖1-36

隨之稍左轉，當雙鈎掃至左側時，左臂外旋，右臂內旋，使雙鈎尖均向左前。目視左鈎。（圖1-36）

【用途及要點】敵持械從前方攻我，我用左鈎左摟敵械，右鈎斜劈敵上盤。雙鈎同時掃擊左後之敵。左腳上步，左摟鈎、右劈鈎要同時進行，提膝、雙鈎後掃要協調一致。

20. 二虎攔路（右）

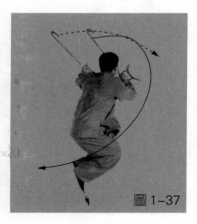

（1）上體稍右轉，右腳前擺，左腳蹬地跳起。同時，右手握鈎，經上向前直臂畫弧；左鈎由左後稍向上舉。目視右鈎。（圖1-37）

（2）右腳落地，右膝微屈。右鈎由前向下，經身體右側繼續向後畫弧；左鈎由後經

圖1-37

上向前直臂弧形
劈鈎。目視左
鈎。（圖1-38）
　（3）左腳
經右腳內側向前
落步，左腿屈膝
半蹲，右腿伸
直，成左弓步。
同時，左手握
鈎，臂內旋，屈
肘擺於右腋下，
使左鈎由前向
右、向後弧形掃
鈎，鈎尖向右；
右臂外旋，右手
握鈎，由後向
上、向前直臂弧
形劈鈎。目視右
鈎。（圖1-39）

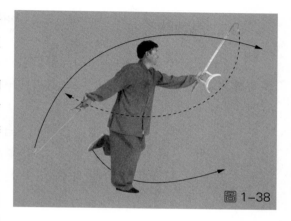

圖1-38

【用途及要點】
敵持械攻我左前
方，我用右鈎外

圖1-39

摟敵械，左鈎劈砍敵上盤；敵持械攻我右前方，我用左鈎
月鋒卡鎖敵械，右鈎劈敵頭、肩部位。雙鈎向右前卡鎖劈
掛時要快速連貫，右手劈鈎要用力。上步、掃鈎、劈鈎要
同時完成。

21.二虎攔路（左）

（1）兩腳不動。右手握鈎，臂內旋，使右鈎由前向下經身體左側向後弧形斜掛；左鈎由右後向上、向前畫弧，兩臂於胸前交叉。目視左鈎。（圖1-40）

（2）右腿離地屈膝提擺，右腳面貼扣於左膝後，左膝微屈。同時，右手握鈎，臂外旋，使右鈎由左後繼續經上前劈；左鈎由前向下經身體左側向後畫弧。目視右鈎。（圖1-41）

圖1-40

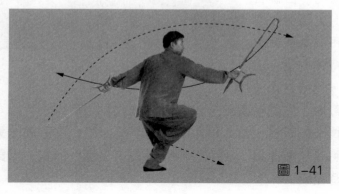

圖1-41

（3）右腳向前落步，右腿屈膝半蹲，左腿伸直，成右弓步。同時，右手握鈎，右臂內旋，屈肘擺於左腋下，使右鈎由前向左、向後弧形掃鈎；左手握鈎，臂稍外旋，使左鈎由後

圖1-42

經上向前直臂弧形劈鈎。目視左鈎。（圖1-42）

【用途及要點】敵持械從前方攻我中、上盤，我用右鈎月鋒卡鎖敵械，鈎尖、鈎身摟掃敵身，敵退逃，我用左鈎劈敵上盤。雙鈎於體側繞行時要撐肘屈腕，切勿使鈎月鋒畫身、後柄插肋。

22.跨虎劈山（右）

（1）重心移至右腿，左腳經右腳前向右橫擺。同時，右手握鈎，由左後向下經身體左側向右前斜掃，鈎尖朝右後；左鈎由前稍向右平擺。目視右鈎。（圖1-43）

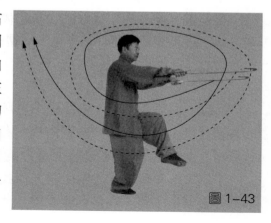

圖1-43

（2）右腳蹬地跳起，懸空中身體右轉 270°。雙手握鈎，隨體轉使雙鈎由右前上經頭頂上方朝左前平行雲鈎。目視右下方。（圖 1-44）

（3）左腳先落地，右腳向右下方震踏地面，左腿隨即屈膝提起，腳尖向下，成右獨立步。同時，雙手握鈎，由左上經前向右下劈摟。目視右鈎。（圖 1-45）

【用途及要點】敵持械掃我下盤，我跳起躲過，同時，雙鈎撥、攔、鈎、畫敵之上來之械。雙鈎同時劈摟右側之敵。跳起要高、落地要輕穩，劈摟鈎時上體稍右傾。

23.跨虎劈山（左）

左腳向左迅速落地，右腿隨即屈膝提起，腳尖向下，成左獨立步。雙手握鈎，左臂內旋，右臂外旋，使雙鈎由右下經前上向左下弧形劈鈎。目視左鈎。（圖 1-46）

【用途及要點】敵持械從左方攻我上盤，我用左鈎順敵械杆畫劈敵手臂，右鈎劈敵上盤。落步、提膝、雙鈎左

劈要協調一致。雙鉤左劈時上體左傾。

24.立馬平鉤

右腳向右落地，兩腿屈膝半蹲，成馬步。兩手握鉤，雙臂內旋，使雙鉤由左經前向右平掃，左臂屈肘於胸前，右臂伸直，左鉤尖向前，右鉤尖朝後。目視右鉤。（圖1-47）

【用途及要點】雙鉤同時掃擊前、右方之敵。右腳落地與雙鉤右掃同時完成。

25.白虎坐窩

（1）身體左轉，左腿屈膝，右腿自然伸直，成左弓步。雙手握鉤，左臂稍外旋，右臂外旋，使雙鉤隨體轉經上向前劈鉤。目視左鉤。（圖1-48）

（2）重心後移，左腳向後退一步，兩腿交叉屈膝下蹲，成歇步。同時，右手握鉤，臂內旋，使右鉤柄尖向後

圖1-48

平扎；左手握鈎，屈肘
前上舉，使左鈎由前向
上，平架於頭頂上方。
目視右下方。（圖1-
49）

【用途及要點】雙
鈎同時劈摟前方之敵。
敵從身後擊我上盤，我
用左鈎上架敵械，右鈎
柄尖平扎敵身。

圖1-49

26.百鳥朝鳳

（1）身體稍上
起，左腳由後繼續向後
提插半步伸直，右腿屈
膝成右弓步。同時，左
手握鈎，由上向前弧形

圖1-50

圖1-51

劈鈎；右手握鈎，臂稍外旋隨身體上起向前平伸，鈎尖向下。目視右鈎。（圖1-50）

（2）兩腳用力碾地，使身體左後撐轉，左腿屈膝，右腿自然伸直，成左弓步。同時，左臂內旋，右臂外旋，使雙鈎隨體轉掃至體前，雙鈎尖均向左下。目視左鈎尖。（圖1-51）

【用途及要點】左鈎向外摟掛敵械，右鈎抹掃敵身。轉體、雙鈎抹掃同時完成。

第 四 段

27.單鳳朝陽（左）

（1）左腿離地屈膝後擺，右腿屈膝支撐。同時，雙手握鈎，由前經左上向後畫弧。目視左鈎。（圖1-52）

圖1-52

（2）左腳於體後落地，左腿屈膝，右腳活步稍後移，腳尖著地，成右虛步。右臂內旋，左臂外旋，兩手握鈎，使雙鈎由後向下經身體左側向前撩鈎，右鈎直臂撩至體前上方，左鈎撩至體前與腰同高。目視右鈎。（圖1-53）

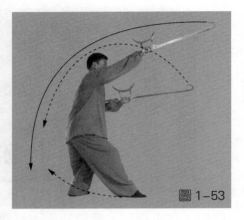

圖1-53

【用途及要點】雙鈎同時劈摟左後之敵。敵持械從前方攻我，我用右鈎向外鈎掛敵械，左鈎撩敵腹部位。雙鈎左後畫弧前撩時要以雙臂為軸，要圓、要活，盡量放大幅度。

圖1-54

28.單鳳朝陽（右）

（1）右腿離地屈膝後擺。雙手握鈎，使雙鈎由前經右上向後畫弧。目視右鈎。（圖1-54）

（2）右腳於體後落地，右腿屈膝半蹲，左腳稍活步後移，腳尖點地，成左虛步。同時，兩手握鈎，左臂內旋，右臂外旋，使雙鈎由後向下經身體右側向前弧形撩鈎。目

視左鈎。（圖 1-55）

【用途及要點】雙鈎
同時劈摟右後之敵，撩擊
前方之敵。雙鈎右後畫弧
與右腳後擺同時進行，右
腳落地、左腳後移與雙鈎
前撩要協調。

29.天王打傘（右）

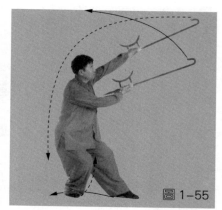

圖 1-55

（1）左腳向後退一
步，身體左轉，右腿隨之
屈膝提起。左手握鈎，隨
體轉向前、經身體左側向
後反撩，鈎尖朝前上；右
手握鈎，臂稍內旋，使右
鈎向前、向左、向上弧形
畫擺至頭右上方，鈎身直
立，鈎尖朝前。目視右前
上方。（圖 1-56）

圖 1-56

（2）右腳向左腳內
側落步，腳尖著地，兩腿
屈膝下蹲，成右丁步。同時，右手握鈎，由上經前向右下
斜向摟掃；左手握鈎，屈肘舉至頭左上方，使左鈎由後經
身體左側向前、向上弧形繞舉，鈎尖朝前。目視右鈎。
（圖 8-57）

【用途及要點】右鈎挑架敵之來械，左鈎反摟身後之

圖 1-57　圖 1-58

敵。左鈎豁挑前方之敵，右鈎斜摟右敵下盤。轉體、提膝、反摟鈎、上挑鈎要同時進行，落步、重心下沉與左架鈎、右摟鈎要協調。

30.天王打傘（左）

（1）身體上起，右腳向右後提擺，左腳蹬地跳起，懸空中身體右轉180°。右手握鈎，隨體轉，屈肘舉至頭右上方，使右鈎身於右上直立，鈎尖朝前；左鈎由上向前、向下經身體左側向後畫弧，目視左鈎。（圖 1-58）

（2）右腳落地，右膝微屈。右手握鈎，由上向前、向下經身體右側向後畫弧；左鈎由身後向下，經身體左側向前、向上屈肘挑鈎，鈎尖朝前。目視左上方。（圖 1-59）

（3）左腳向右腳內側落地，兩腿屈膝下蹲。左鈎由上向前、向左下斜向劈摟至左腿外；右鈎由後向下經身體右側向前、向上挑立；鈎尖朝前。目視右鈎。（圖 1-60）

圖1-59

圖1-60

【用途及要點】敵從前方攻我，我用右鈎反撩後敵下盤，左鈎豁挑前敵上盤。右鈎上挑敵械，左鈎斜向劈摟敵下盤。跳步不宜太高、太遠，但轉體要快，雙腳依次落地要輕穩。

31. 孤雁出群

（1）身體上起右轉，右腳向前上一步，右腿屈膝成右弓步。右手握鈎，由上繼續向後伸舉；左鈎由左向前、向上平架於頭頂上方，雙鈎尖均朝上。目視前方。（圖1-61）

（2）右腿屈膝支撐，左腳向前快速彈擊，腳面繃平，力在腳尖。在左腳向前彈擊的

圖1-61

圖1-62

圖1-63

同時，雙手握鉤，使雙鉤同時向前、向下分別經體側向後畫弧。目視左腳尖。（圖1-62）

【用途及要點】敵從前方持雙械攻我中、下盤，我用雙鉤分別外掛敵械，同時左腳彈擊敵中盤。左腳前彈、雙鉤立圓後繞要同時完成。

32.雙虎爬山

（1）左腿屈膝回收，腳尖向下，右腿屈膝支撐。同時，兩手握鉤，雙臂外旋，使雙鉤月鋒由後分別經體側平擺至胸前，雙鉤身分別繞弧形平擺於體側，雙鉤尖均朝前。目視前方。（圖1-63）

（2）左腳向體前落步，左腿屈膝半蹲，右腿伸直，成左弓步。同時，兩手握鉤，使雙鉤月鋒同時向前直臂平扎。目視雙月鋒。（圖1-64）

【用途及要點】敵持雙械從前方攻我中、上盤，我用雙鉤同時向外撥掛敵械，同時雙鉤月鋒平扎敵中盤。左腳

圖 1-64　　　　　　　圖 1-65

回收與雙鈎前撩外擺
要同時進行，左腳落
步與雙月鋒前扎要協
調。

33. 雙陽開泰

（1）右腿屈膝
提擺，右腳面貼扣於
左膝後，左腿屈膝。
兩臂稍內旋，兩手握

圖 1-66

鈎，使雙鈎由前向下分別經體側向後、向上繞舉至頭前上
方，雙鈎尖均向前。目視前方。（圖 1-65）

（2）右腳向前落步，右腿屈膝半蹲，左腿自然伸直，
成右弓步。同時，兩手握鈎，使雙鈎由上向前直臂劈鈎。
目視右鈎。（圖 1-66）

【用途及要點】雙鈎同時鎖、扣、摟、畫前方之敵，

反撩身後之敵，繼續劈砍前方之敵。雙鉤立圓繞行要快，要貼近身體，前劈時要用力。

圖1-67

34. 雙龍過江

（1）身體左轉，左腿屈膝成左弓步。兩手握鉤，左臂外旋，右臂內旋，使雙鉤隨體轉由前向下、向左前畫弧。目視右鉤。（圖1-67）

（2）重心右移，左腳向右後插步，兩腿交叉，屈膝下蹲，成歇步。右手握鉤，由左經上向右直臂弧形劈鉤；左手握鉤，臂先內旋後外旋，屈肘舉至頭左上方，使左鉤向上、向右橫架於頭頂上方，鉤尖向上。目視右鉤。（圖1-68）

【用途及要點】

雙鉤同時撩挑左前之敵。左鉤上架敵械，右鉤劈砍敵身。左撩鉤時幅度要大、要圓，右劈鉤要快速有力。

圖1-68

第 五 段

35.青龍出海（左）

（1）身體上起左轉，左腳向前上步，腳尖著地，右腿屈膝，成左虛步。同時，左手握鈎，臂內旋，使左鈎向身體右下沉降，鈎尖向下；右鈎隨體轉稍向上提，左臂屈肘，右臂伸直。目視右鈎。（圖1-69）

（2）右腳向前上步，右腿屈膝半蹲，左腿伸直，成右弓步。兩手握鈎，使雙鈎由右後同時向下經身體右側向前弧形撩鈎，左鈎在上。目視左鈎。（圖1-70）

圖1-69

【用途及要點】

敵持械從前方攻我中、上盤，我用左鈎上撩敵械，右鈎撩敵身。左腳上步與雙鈎前沉提同時進行，右腳上步與雙鈎前撩要協調一致。

圖1-70

36.青龍出海（右）

（1）重心後移，左腿屈膝，右腿活步後移，腳尖著地，成右虛步。同時，兩手握鈎，使雙鈎由前經上向左後畫弧。目視右鈎。（圖1-71）

（2）左腳向前上一步，左腿屈膝半蹲，右腿伸直，成左弓步。在左腳上步的同時，雙手握鈎，左臂外旋，右臂內旋，使雙鈎由左向下經身體左側向前上弧形撩鈎。目視右鈎。（圖1-72）

【用途及要點】雙鈎同時劈左後之敵，撩前方之敵。雙鈎左後畫弧、前撩時盡量放大幅度，速度不宜太快，但要蘊藏內力。

圖1-71

37.蒼龍回首

（1）重心後移，右腿屈膝，左腳稍後移，腳尖著地，成左虛步。同時，雙手握鈎，使雙鈎尖向上、向右後畫弧，右臂伸

圖1-72

直，左臂屈肘。目視
右鈎。（圖1-73）

（2）右腳向前
上一步，右腿屈膝半
蹲，左腿伸直，成右
弓步。同時，兩手握
鈎，右臂外旋，左臂
內旋，使雙鈎由後平
掃體前。目視左鈎。
（圖1-74）

圖1-73

（3）身體左轉
180°，左腿屈膝半
蹲，右腿伸直成左弓
步。兩手握鈎，隨體
轉使雙鈎同時左掃至
體前。目隨左鈎。
（圖1-75）

【用途及要點】
雙鈎同時反劈右後之
敵，掃擊四方之敵。
上步要快，轉體要
疾，雙鈎隨體轉而快
速掃擊。

圖1-74

圖1-75

38. 王小臥魚

上體右轉，左腿
屈膝全蹲，右腿伸直
平鋪，成右仆步。右
手握鉤，臂內旋，使
右鉤尖由前隨體轉掃
至右腿上方；左手握
鉤，臂稍外旋，屈肘

圖 1-76

舉於頭左上方，使左鉤向上、向右橫架於頭頂上方，鉤尖
朝上。目視右鉤。（圖 1-76）

【用途及要點】左鉤上架敵械，右鉤鉤掃敵下盤。仆
步、掃鉤、架鉤要協調。

39. 枯樹開花

（1）身體上起右轉，左腳向前上步，左腿屈膝成左弓
步。左手握鉤，隨體轉由上向前直臂劈鉤；右鉤由右向體
後弧形擺動。目視左
鉤。（圖 1-77）

（2）右腳向前
上步，右腿屈膝成右
弓步。左手握鉤，屈
肘回收至左腰側；右
手握鉤，臂外旋，使
右鉤由後向上、向前
直臂劈鉤。目視右

圖 1-77

鈎。（圖1-78）

（3）身體左轉，兩腿稍屈。左手握鈎，隨體轉順勢擺至右腋前，使左鈎身平置於身體右側；右手握鈎，臂內旋，屈肘擺於左肩前，使右鈎身由前平掃至左肩外，兩臂交叉環抱，雙鈎尖均向前。目視右鈎尖。（圖1-79）

圖1-78

（4）身體繼續左轉，左腳向右後偷步，兩腿交叉屈膝。同時，左鈎由右向下經身體右側向前弧形撩鈎；右鈎經上向右後直臂畫弧。目視左鈎。（圖1-80）

圖1-79

【用途及要點】

敵持械從前方攻我，我用左鈎卡鎖敵械，右鈎劈摟敵上盤。敵分前後攻我，我用左

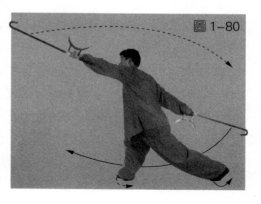

圖1-80

鈎撩擊前敵，右鈎反劈後敵上盤。上步、左鈎劈鈎、右鈎前劈要同時進行。轉體、偷步、劈鈎、撩鈎要同時完成。

40. 雙鳳落崖

（1）兩腳用力碾地，使身體左後擰轉，左腿屈膝。左手握鈎，隨體轉經上向前直臂劈鈎，右鈎向下、向前直臂擺於身後。目視左鈎。（圖1-81）

圖1-81

（2）右腳向前上步，腳尖著地，左腿屈膝，重心下沉成右虛步。左手握鈎，屈肘回收，使左鈎斜置於左腿外側；右手握鈎，由後向上、向前直臂畫弧，右臂內旋，使右鈎由前繼續向左下畫弧，兩鈎於身體左側斜向交叉，右鈎在外。目視左鈎。（圖1-82）

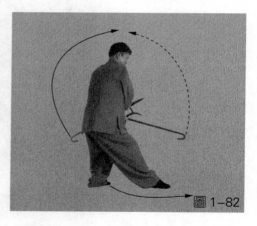

圖1-82

（3）身體左轉，左腳向右後插步，兩腿交叉屈膝。同時，兩手握鈎，使雙鈎分別向體側、向上弧形繞舉，雙鈎

圖 1-83

圖 1-84

尖於前上方交叉。目視雙鈎交叉處。（圖 1-83）

（4）兩腿屈膝下蹲，成歇步。同時，兩手握鈎，使雙鈎由上分別向體側劈落。目視右鈎。（圖 1-84）

【用途及要點】雙鈎同時絞壓下盤敵之來械、上架敵械，劈砍左右之敵。全部動作連貫協調，一氣呵成。

第 六 段

41. 倒挂龍鬚（右）

（1）身體上起右轉，左腳向後退一步，右腿屈膝，成右弓步。左手握鈎，隨身上起舉至體後；右手握鈎，臂外旋，使右鈎向左前上方畫弧。目視右鈎。（圖1-85）

（2）右腳向後退步，左腳尖外展，兩腿屈膝。同時，右手握鈎，臂稍內旋，使右鈎由左前上方經體前斜向右後弧形摟掃；左鈎由後向下經身體左側向前、向上弧形繞舉，鈎尖朝後。目隨視右鈎。（圖1-86）

圖1-85

【用途及要點】左鈎上挑敵械，右鈎摟掃敵下盤。退步、左鈎擺撩、右鈎摟掃要同時完成。

圖1-86

42. 倒掛龍鬚（左）

左腳向後退一步，右腳尖外展，兩腿屈膝。同時，左手握鉤，由上向前、向下經身體左側向後弧形摟鉤；右手握鉤，屈肘舉至頭右上方，使右鉤由後向下經身體右側向前上弧形擺撩。目隨視右鉤。（圖1-87）

【用途及要點】右鉤擺撩前方之敵，左鉤摟掃前、左後之敵。退步、擺鉤、掃鉤要協調一致。

圖1-87

43. 立地頂天

（1）左腿屈膝支撐，右腿屈膝後擺。同時，左手握鉤，由後向下經體側向前弧形撩鉤，鉤尖向前下；右手握鉤，由上向前下經身體右側向後畫弧。目視右鉤。（圖1-88）

（2）右腳向前上步，腳尖內扣，上體隨之左轉，兩腿屈膝半蹲，成馬步。右手握鉤，臂外旋，使右鉤由

圖1-88

後向下、向右直臂攫
挑，鉤尖向上；左手
握鉤，臂稍外旋，隨
體轉屈肘橫架於頭頂
上方，鉤尖朝上。目
視右鉤。（圖1-
89）

圖1-89

【用途及要點】
左鉤摟架敵械，右鉤
攫撩敵襠、腹部位。

上步、轉體、攫鉤、架鉤要協調。

44.黃袍加身

（1）身體左後轉，左腳尖外展，右腳向左腳左後跟半
步，兩腿交叉屈膝。左手握鉤，使左鉤由上向前直臂劈
鉤；右手握鉤，隨體轉舉至頭頂上方，鉤尖朝上。目視左
鉤。（圖1-90）

（2）兩腳碾地，使身體
右轉360°，成歇步。右手握
鉤向前下，與左鉤隨體轉向
右掃至體前，當右鉤掃至右
肩前時，左鉤後尖由前向左
後快速戳扎。目視左鉤後
尖。（圖1-91）

【用途及要點】左鉤柄挑
扎身後之敵，右鉤劈按左側

圖1-90

圖 1-91

圖 1-92

之敵。挑扎鈎用明勁，劈按鈎用暗勁。

45.夜叉探海

　　右腳前上半步，右腿屈膝，左腳屈膝後上擺，腳掌朝上，上體隨之前俯。右手握鈎，臂稍內旋，使右鈎由左向右前上方斜掃；左手握鈎，臂內旋，使左鈎尖向左、向後弧形掃鈎。目視右鈎。（圖1-92）

　　【用途及要點】右鈎掃擊右前之敵，左鈎反掃身後之

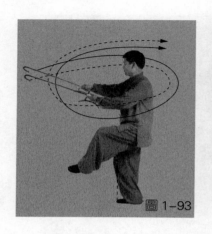

圖1-93

圖1-94

敵。右腿支撐要穩固，腰俯成水平，頭腳略高於腰，雙鈎
掃擊要快速。

46.頭頂七星

（1）左腳經右腳前右擺。右手握鈎，稍向右畫；左鈎
由左後向下經身體左側向右前畫弧。目視左鈎。（圖1-93）

（2）右腳蹬地跳起，懸空中身體右轉180°。雙手握
鈎，由右向上經頭頂上方向左前平行繞行。目視右鈎。
（圖1-94）

【用途及要點】雙鈎同時摟、畫、抹、架敵之來械。
身體跳起、空中旋轉與頭頂雲鈎要協調。

47.野馬撞槽

左腳先落地，右腳於體後落步，上體隨之右轉，兩腿
屈膝半蹲，成馬步。同時，雙手握鈎，隨體轉使雙鈎由左
經前向右平掃。目視右鈎。（圖1-95）

圖 1-95

圖 1-96

【用途及要點】雙鈎同時掃擊前、右方之敵。右腳落地與雙鈎右掃同時完成。

48.飛鳥入林

（1）左腿屈膝成左弓步。雙手握鈎，由右向下、向左前畫弧。目視右鈎。（圖 1-96）

（2）重心右移，右腿屈膝成右弓步。同時，右手握鈎，臂內旋，使右鈎由左經前上向右前畫弧；左鈎繼續向

左後繞舉。目視右鈎。（圖1-97）

（3）右鈎由右前向下經身體右側向後畫弧；左鈎由左後向上、向右前直臂劈鈎。上體隨之稍右轉。目視左鈎。（圖1-98）

（4）左手握鈎，屈肘回收至左腰側；右手握鈎，臂外旋，使右鈎由後繼續向上、向前弧形劈鈎。目視右鈎。

圖 1-99

圖 1-100

（圖 1-99）

（5）兩腳碾地，使身體左轉約 180°，右腿屈膝半
蹲，左腳稍活步後移，腳尖著地，成左虛步。左手握鉤，
隨體轉擺至右腋前，使左鉤身平擺至右腋下；右手握鉤，
隨體轉向下、向前擺撩，鉤尖向下。目視右鉤。（圖 1-
100）

【用途及要點】雙鈎交替劈前敵、撩後敵。隨體轉剪鉸前後之敵。雙鈎前後劈撩時要放大幅度，隨身體左、右轉動而快速劈撩。

49.鳳凰展翅

左腳向後偷步，兩腿交叉屈膝。右手握鈎，臂內旋，使右鈎由前向上、向後反劈；左手握鈎，由右後向下經身體右側前弧形撩鈎。目視左鈎。（圖1-101）

【用途及要點】左鈎撩前敵，右鈎劈後敵上盤。偷步、前撩鈎、後劈鈎要協調一致。

50.上步合掖

（1）兩腳碾地，使身體左後轉，左腿屈膝成左弓步。左臂內旋，左手握鈎，隨體轉使左鈎經上向前直臂劈鈎；右手握鈎，隨體轉掃至身後。目視左鈎。（圖1-102）

（2）右腳向前上一步，屈膝半蹲，左腿伸直，成右弓

圖1-101

圖1-102

步。左手握鈎，臂內旋，屈肘繞於右腋下，使左鈎由前向右、向後弧形平掃；右手握鈎，由後經上向前直臂劈鈎。目視右鈎。（圖1-103）

【用途及要點】敵持械攻我中、上盤，我用左鈎月鋒外掛敵械，右鈎劈敵上盤。畫鈎要輕靈快速，劈鈎要用力。

51.葉公喚龍

（1）上體左轉，左腿屈膝成左弓步。右手握鈎隨體轉，使右鈎向下經體前向左、向上弧形繞舉至頭頂上方；左手握鈎，使左鈎向下經前向左畫弧。目視左鈎。

圖1-103

圖1-104

（圖1-104）

　　（2）重心右移，右腿直立支撐，左腿屈膝提起，腳尖朝下，成右獨立步。同時，右手握鈎，由上向右下直臂弧形劈鈎；左手握鈎，屈肘舉於頭左上方，使左鈎由左向上橫架於頭頂上方，鈎尖朝上。目視右鈎。（圖1-105）

　　【用途及要點】左鈎上架敵械，右鈎劈敵身。提膝與劈、架鈎同時完成。

52. 雙龍探海

　　左腳向前落步，腳尖虛點地面，右腿稍屈。左手握鈎，臂稍外旋，使左鈎由上向前弧形劈點；右鈎由右下稍向上、向前直臂平畫，使雙鈎斜置於體前上方。目視右鈎。（圖1-106）

　　【用途及要點】左鈎劈點敵上盤，右鈎平掃敵中盤。落步、劈鈎、掃鈎要協調。

圖1–105

圖1–106

53.羅漢上香

右腳向左腳併步。兩手握
鈎，由前向下分別經體側向
後、向上、向前立圓繞舉，使
雙鈎直立於體前上方，雙鈎尖
朝前，兩手與肩同高。頭向左
擺。目視左方。（圖1–107）

【**用途及要點**】雙鈎同時
摟掛左、右敵之來械，反撩身

圖1–107

後之敵，攔擋前方敵之來械。立圓繞行時要圓、要貼近身
體。

收　勢

兩臂自然下垂，兩手握鈎，貼於兩腿外側，手心向

圖1–108

內，虎口朝前，使雙鈎平置於體側。鈎尖向下。目視前
方。（圖1–108）

第二章

迷蹤拳雙鐮

迷蹤拳雙鐮又名跨虎雙鐮。具有內容充實，靈活多用，招勢緊湊，勁力完整，協調圓活，布局合理，結構嚴謹，快慢相間，節奏分明，銜接順暢的特點。

主要技法有劈、撩、摟、鉤、剁、畫、帶、晃、掛、掃、點、啄、截、雲、掏、攔等等。

動作名稱

預備勢

第一段

1. 老翁送客
2. 牧童望山
3. 平沙行舟（右）
4. 平沙行舟（左）
5. 雲龍入海
6. 老君挑爐
7. 麒麟抖身
8. 雲龍探爪
9. 青龍戲潮（左）
10. 青龍戲潮（右）
11. 太公釣魚

第二段

12. 仙翁摘桃（右）
13. 仙翁摘桃（左）
14. 村姑拋扇
15. 老君撒丹（右）

16. 老君撒丹（左）
17. 老叟插秧（左）
18. 老叟插秧（右）
19. 迎風八面
20. 牧童打傘
21. 鳳凰探巢

第三段

22. 漁翁甩槳（左）
23. 漁翁甩槳（右）
24. 玉女趕鶴
25. 麒麟探爪
26. 烏鴉反哺
27. 惡虎捕食
28. 蒼鷹落架
29. 仙人指路

第四段

30. 進步撩衣（右）
31. 進步撩衣（左）

32. 天王掃殿
33. 周倉擺渡
34. 枯樹盤根
35. 漢王扶犁
36. 砍項撩陰
37. 霸王開弓

第五段

38. 王母拐線（左）
39. 王母拐線（右）
40. 仙童摘瓜
41. 嫦娥獻果
42. 玉樹搖枝
43. 烈馬踢槽

第六段

44. 青龍轉身
45. 獅子回頭
46. 枯樹盤枝
47. 白蛇護洞

48. 雙龍攪海　　　51. 順藤摸瓜　　　收　勢
49. 鳳凰展翅　　　52. 夜郎叩門
50. 老君揮塵　　　53. 六甲值丁

動作圖解

預備勢

　　兩腳併步站立。兩臂自然下垂，兩手握鐮柄，貼於兩腿外側，鐮柄平置，鐮尖向下。目視前方。（圖 2-1）

第 一 段

1. 老翁送客

　　兩手握柄，由體側向前上伸舉，鐮尖向下，兩手與肩同高。目視右鐮。（圖 2-2）

　　【用途及要點】

雙鐮前上撐舉
時，上體稍前
傾，兩臂伸直。

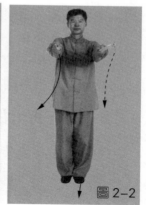

圖 2-1　　　　圖 2-2

 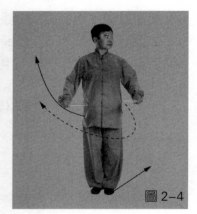

圖 2-3　　　　　　　　　　圖 2-4

2.牧童望山

（1）左腳體前上步，腳尖著地，右腿稍屈，成左虛點步。兩手握鐮，由前向下分別經體側向後弧形繞行。目視右下方。（圖 2-3）

（2）右腳向左腳併步，兩腿挺膝站立。兩手握鐮，由後繼續向上、向前、向下分別立圓繞行至體側，兩肘微屈，兩臂外撐，頭向左擺。目視左方。（圖 2-4）

【用途及要點】雙鐮同時摟前敵、撩後敵，摟掛前、左、右敵之來械。立圓繞行時要貼近身體，當雙鐮繞至前上方時，以雙腕為軸，向體兩側快速撐畫。

3.平沙行舟（右）

左腳向左後退步伸直，右腿屈膝成右弓步。同時，雙手握鐮，向前、向右平掃。目視右鐮。（圖 2-5）

【用途及要點】右鐮向外掃掛敵械，左鐮摟掃敵胸、

圖 2-5

圖 2-6

腹。左腳退步與雙鐮右掃同時完成。

4.平沙行舟（左）

身體左轉，左腿屈膝，右腿伸直，成左弓步。兩手握鐮，隨體轉掃至體前。目視左鐮。（圖2-6）

【用途及要點】左鐮掃掛敵械，右鐮掃摟敵中盤。轉體、雙鐮左掃要協調一致，掃擊時要短促有力。

5.雲龍入海

（1）右腳前擺，左
腳蹬地跳起，懸空中身
體右轉。兩手握鐮，由
前向上、向右畫弧。目
視右鐮。（圖2-7）

（2）右腳和左腳依
次落地，成左仆步。左
手握鐮，由右向下經前
向左平掃；右鐮由右向
下直臂劈剁。目視左
鐮。（圖2-8）

圖2-7

【用途及要點】雙鐮同時反摟右後之敵。右鐮劈摟右
側之敵，同時左鐮摟掃前、左之敵。身體跳起要高、要
遠，落地要輕穩，身體跳轉與雙鐮右劈同時進行。仆步與
右鐮劈摟、左鐮摟掃要同時完成。

圖2-8

圖2-9

6. 老君挑爐

身體上起左轉，兩腿自然成左弓步。左鐮由前向下經體側向後斜掃；右鐮自後向下經身體右側向前上豁撩。目視右鐮。（圖2-9）

【用途及要點】左鐮外掛前敵之械，反掃後敵之身，同時右鐮豁撩敵胸、腹、面。重心前移、轉體、雙鐮前後掃、撩要同時完成。

7. 麒麟抖身

左腿直立支撐，右腿屈膝提起，腳尖向下，成左獨立步。左手握鐮，由後向下經體側向前、向上，斜架於頭前上方；右鐮由前向下經身體右側向後直臂反鈎。目視右鐮。（圖2-10）

圖2-10

【用途及要點】敵
分前後攻我，左鐮向上
挑架敵械，右鐮反鈎後
敵襠、腹。提膝、左架
鐮、右鈎鐮要同時完
成。

圖2-11

8.雲龍探爪

　　右腳體前落地，屈
膝成右弓步。同時，左
手握鐮，由上向左前擺動；右鐮從後向下經體側向左前畫
弧。目視右鐮。（圖2-11）

　　【用途及要點】左鐮摟掛敵械，右鐮撩擊敵身。雙鐮
於左前平舉時，相距約15公分。

9.青龍戲潮（左）

　　上體左轉180°，左腳
後移半步，腳尖著地，右腿
屈膝，成左虛步。同時，兩
手握鐮，隨體轉使雙鐮經前
向左下掃掛，左臂伸直，右
臂屈肘於胸前。目視左鐮。
（圖2-12）

　　【用途及要點】左鐮隨
體轉摟掛敵械，右鐮斜掃敵
腹、大腿部位。轉體、移

圖2-12

步、雙鐮斜掃要同時完成，雙鐮掃擊時要快速有力。

10. 青龍戲潮（右）

圖 2-13

左腳向後插步伸直，腳跟離地，右腿屈膝，腳尖外展，成左插步。同時，兩手握鐮，由左後下方向前、向上、向右後弧形繞掃，右臂伸直，左臂屈肘於胸前。目視右鐮。（圖 2-13）

【用途及要點】右鐮右掛敵械，左鐮摟掃前、右敵之腰、腹部位。插步、掃鐮要協調一致，右掃時上體稍右轉左傾。

11. 太公釣魚

（1）右腳後退一步，右腿伸直，左腿屈膝，成左弓步。同時，兩手握鐮，經前向左平掃。目視左鐮。（圖 2-14）

（2）上體右轉，右腳直立，左腿隨體轉屈膝上提，腳面繃平，腳尖向下，成右獨立步。同時，右手握鐮，隨體轉向上、向右直臂

圖 2-14

劈摟；左鐮向右、向前、向
上屈肘架於頭上方。目視右
鐮。（圖 2-15）

【用途及要點】左鐮上
架敵械，右鐮劈砍敵頭、肩
部位。右腳托身要穩固，上
體中正立直，劈、架鐮時兩
手要同時用力。

圖 2-15

第 二 段

12.仙翁摘挑（右）

（1）左腳稍左擺，上體隨之左轉。同時，左手握鐮，
下降於身體右側；右鐮稍向下沉壓，右臂伸直，左臂屈肘
於胸前。目視右鐮。（圖 2-16）

（2）左腳體前落地，左腿屈膝成左弓步。兩手握鐮，

圖 2-16

由右後向下經身體右側向前上撩起。目視左鐮。（圖2-17）

【用途及要點】左鐮撩架敵械，右鐮撩擊敵身。雙鐮前撩時幅度宜大，上體稍前俯。

13.仙翁摘桃（左）

（1）左腿屈膝支撐，右腿屈膝提起。兩手握鐮，由前經上向左後下方畫弧。目視左鐮。（圖2-18）

（2）右腳體前落地，右腿屈膝成右弓步。兩手握鐮，由左後向下經身體左側向前上撩起。目視右鐮。（圖2-19）

【用途及要點】右鐮撩敵胸、頜部位，左鐮撩敵襠、腹部位。雙鐮前撩時要貼近身體，速度不宜太快，要蘊藏內力。

14. 村姑拋扇

左腳向前上步，腳尖點地，右腿屈膝，成左虛步。同時，兩手握鐮，由前向下經身體左側向後拋掃。目視左鐮。（圖 2-20）

圖 2-20

【用途及要點】雙鐮同時拋掃前、左、後三方之敵。左腳上步與雙鐮左後拋掃要同時完成，上步迅速，拋掃冷脆快速。

15. 老君撒丹（右）

身體右轉，左腿直立支撐，右腿屈膝提起，腳尖向下，成左獨立步。右手握鐮，隨體轉向上、向右劈摟；左鐮向前、向上，屈肘架於頭上方。目視右鐮。（圖 2-21）

【用途及要點】左鐮上架敵械，右鐮摟砍敵上盤。轉體、提膝、上架、劈鐮要同時完成。

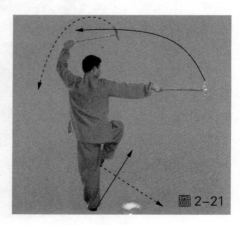

圖 2-21

16.老君撒丹（左）

右腳經左腳前向左跨落，左腿隨即屈膝提起，成右獨立步。同時，左手握鐮，由上向左摟砍；右鐮由右向前、向上屈肘架於頭上方。目視左鐮。（圖2-22）

圖2-22

【用途及要點】右鐮上架敵械，左鐮摟砍敵身。跨步、提膝、雙鐮砍、架要同時完成，左鐮劈摟時要短促有力。

17.老叟插秧（左）

右腳碾地，上體左轉，左腳向體前擺落，腳尖外展，兩腿屈膝。同時，右手握鐮，由上向前與左鐮同時向下經身體左側向後劈掃。目視左鐮。（圖2-23）

【用途及要點】雙鐮同時劈掃前、左、後三方之敵。轉體、落步、雙鐮劈掃要協調一致。

圖2-23

圖2-24　　　　　　　　　　圖2-25

18.老叟插秧（右）

右腳向前蓋步，腳尖外展，兩腿屈膝。同時，兩手握鐮，由左後向上經前向右後下方繞弧形斜掃。目視右鐮。（圖2-24）

【用途及要點】雙鐮同時掃擊左、前、右、後之敵。上步、掃鐮同時完成，掃鐮時要快速有力。

19.迎風八面

身體左轉，右腿直立支撐，左腿隨體轉屈膝提起，腳尖向下，成右獨立步。同時，左手握鐮，隨體轉經前向左下斜掃；右鐮向前、向上、向左繞弧形掃至左前上方。目視右鐮。（圖2-25）

【用途及要點】左鐮鈎掛敵械，右鐮畫掃敵身。左鐮畫掃摟前、左、後敵之中下盤，右鐮畫掃右、前敵之上盤。轉體、提膝、雙鐮前後畫掃要協調，畫掃時要晃肩甩

圖2-26　　　　圖2-27

背，幅度宜大，速度宜快。

20.牧童打傘

上體左轉，左腳體前落地，左腿屈膝，右腿伸直，成左弓步。左鐮由左後向下經身體左側向前上畫弧；右手握鐮，隨體轉向前上伸擺，使雙鐮於體前上方交叉，右鐮在上。目視交叉處。（圖2-26）

【用途及要點】雙鐮同時剪掃前方之敵，上架敵之來械。轉體落步、剪鉸架鐮要協調。

21.鳳凰探巢

上體右轉，左腳向右腳內側跨落，腳尖著地，兩腿屈膝下蹲，成左丁步。同時，右手握鐮，隨體轉經上向右劈砍；左鐮向前、向上屈肘架於頭上方。目視右鐮。（圖2-27）

【用途及要點】敵持械從身後攻我上盤，我速轉體，用左鐮上架敵械，右鐮順敵械杆劈砍敵手臂。轉體、跨步、

劈鐮、架鐮要同時完成。

第 三 段

22.漁翁甩槳（左）

上體左轉，左腳向前
擺落，腳尖外展，兩腿屈
膝。同時，兩手握鐮，隨
體轉經前向左後平掃，左
臂伸直，右臂屈肘於胸
前。目視左鐮。（圖2-28）

圖2-28

【用途及要點】雙鐮同時掃擊前、左、後三方之敵。
雙鐮掃擊時要以腰發力，帶動臂、械。

23.漁翁甩槳（右）

右腳前擺落地，腳尖外展，兩腿屈膝。同時，兩手握
鐮，由左後經前向右後平
掃，右臂伸直，左臂於胸
前屈肘。目視右鐮。（圖
2-29）

【用途及要點】右鐮
向右摟掛敵械，左鐮掃敵
腰、肋。雙鐮掃擊要平、
要圓、要快，力要能發能
收。

圖2-29

24.玉女趕鶴

　　左腳經右腳前向右後圈步，兩腿交叉屈膝，右腳跟提起，上體隨之右轉180°。同時，兩手握鐮，經左上向後下劈剁。目視左鐮。（圖2-30）

圖2-30

　　【用途及要點】雙鐮同時劈剁左後之敵。左鐮壓帶敵械，右鐮劈敵上盤。繞步、轉體、雙鐮劈剁要同時完成。劈剁時上體稍左轉左傾。

25.麒麟探爪

　　上體繼續右轉180°，右腳前上半步，右腿屈膝成右弓步。兩手握鐮，隨體轉經上向前劈剁。目視右鐮。（圖2-31）

　　【用途及要點】敵持械從身後攻我上盤，我速轉體，用雙把外撐敵械，鐮尖劈剁敵頭、肩、胸部。轉體要快，雙腳托身要穩固，雙鐮前劈要借助轉體旋轉力。

圖2-31

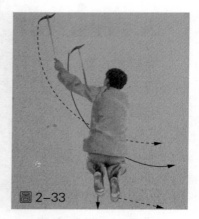

圖 2-32　　　　　圖 2-33

26.烏鴉反哺

右腿直立支撐，左腿屈膝提起，腳尖朝下，成右獨立步。兩手握鐮，由前向左、向後、向上劈點，兩臂屈肘。目視左鐮。（圖 9-22）

【用途及要點】左鐮劈點敵面，右鐮劈點敵胸。提膝、雙鐮劈點要同時完成，劈點時上體稍左轉。

27.惡虎捕食

（1）左腳前擺，右腳蹬地跳起，懸空中身體左轉。兩手握鐮，同時擺至左前上方。目視右下方。（圖 2-33）

（2）左腳和右腳依次落地，成右仆步。雙鐮由左上向右下劈啄。目視右鐮。（圖 2-34）

【用途及要點】敵持械掃擊我下盤，我跳起躲過，同時，雙鐮劈啄敵身。身體跳轉與雙鐮左上擺要同時進行，落步與雙鐮劈啄要同時完成。

圖 2-34

28.蒼鷹落架

（1）重心上提右
轉，兩腿自然成右弓
步。兩手握鐮，隨身體
上起向前伸舉。目視右
鐮。（圖 2-35）

（2）左腳前上一
步，腳尖內扣，上體右
轉。兩手握鐮，隨體
轉，使雙鐮向右經頭上
方繞至左前。目視左
鐮。（圖 2-36）

（3）身體繼續右
轉，右腳後退一步屈
膝，左腳稍活步後移，
腳尖著地成左虛步。同
時，左手屈肘繞至右腋
下，使左鐮向右斜掃至

圖 2-35

圖 2-36

右腋後；右鐮隨體轉斜
劈至右前方。目視右
鐮。（圖2-37）

【用途及要點】雙
鐮雲撥頭上方敵之來
械。左鐮暗掃右後之
敵，右鐮斜劈右前之
敵。轉體要快，雲鐮要
平、要圓。

圖2-37

29.仙人指路

右腿直立，左腿屈
膝上提，腳尖向下，成
右獨立步。同時，左手
握鐮，由右後向下經體
側向前平撩；右鐮從前
向下經身體右側向後反
鈎。目視左鐮。（圖
2-38）

圖2-38

【用途及要點】敵分前後攻我，左鐮撩擊前敵，右鐮
反鈎後敵之下盤。提膝和雙鐮前後撩、鈎要同時完成；
鈎、撩時要短促有力，用勁冷脆。

第 四 段

30.進步撩衣（右）

左腳體前落地，左腿屈膝成左弓步。左手握鐮，由前

向下經身體左側向後反摟；右鐮從後向下經體側向前豁挑。目視右鐮。（圖2-39）

【用途及要點】左鐮外掛敵械反鈎後敵之身，右鐮跟打敵下頷。雙鐮前後鈎撩時要晃肩甩臂，發力剛猛。

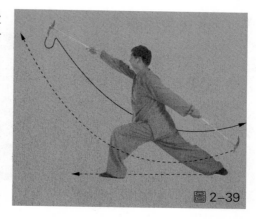

圖2-39

31. 進步撩衣（左）

右腳前上一步，右腿屈膝，左腿伸直，成右弓步。同時，右手握鐮，由前向左、向下、向右畫半小圓後，繼續向下經體側向後反鈎；左鐮從後向下經體左側向前上豁挑。目視左鐮。（圖2-40）

【用途及要點】左鐮外掛前敵之械反摟體後敵身，左鐮豁挑敵襠或下頷。雙鐮前後鈎、撩時要貼近身體，用力剛暴。

圖2-40

32.天王掃殿

（1）兩腳不動。左鐮向右前擺動；右鐮由後向下經體側向右前畫弧。目視右鐮。（圖2-41）

圖2-41

（2）左腳向前上步，腳尖著地，重心下沉成左虛步。兩手握鐮，由右前向下經體前向左後掃掛。目視左鐮。（圖2-42）

【用途及要點】雙鐮同時掃掛前、左、後三方之敵。上步，重心下沉與雙鐮左後下掃要同時完成。

圖2-42

33.周倉擺渡

左腿屈膝支撐，右腳快速向前彈踢。在右腳向前彈踢的同時，雙鐮由左後經前向右後平掃。目視右鐮。（圖2-43）

【用途及要點】腳踢前敵，同時雙鐮平掃左、前、右、後之敵。右腳彈

圖2-43

踢要用力，力達腳尖，高與腰平；掃鐮時要平、要圓、要快，上體稍右轉左傾。

34.枯樹盤根

（1）左腳蹬地跳起，懸空中身體左轉，右腳收控於體前下方。兩手握鐮，由右後上向前、向左下畫弧。目視左鐮。（圖2-44）

（2）右、左腳依次落地，雙腿交叉屈膝下蹲，成歇步。兩手握鐮，由左經前向右平掃；右臂伸直，左臂屈肘於胸前。目視右鐮。（圖2-45）

【用途及要點】雙鐮同時劈左敵、掃擊前右方之敵。身體跳轉與雙鐮左劈要同時進行，落步與掃鐮要協調。

35.漢王扶犁

（1）身體上起，右腳向右跨步。左鐮由右經前向左平掃至身後；右鐮由右向上、向前弧形掃至體前。目視右鐮。（圖2-46）

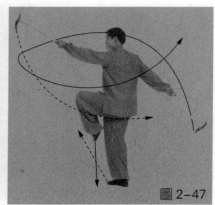

圖 2–46　　　　　圖 2–47

（2）上體右轉，右腿支撐，左腿屈膝提起，腳尖向下。左鐮隨左腳上提向左前上撩；右鐮由體前向右、向後下斜掛。目視左鐮。（圖 2–47）

【用途及要點】左鐮上挑敵械，右鐮斜掃右後之敵。提膝、右掃鐮、左撩要協調。

36.砍項撩陰

左腳落地，左腿直立，腳尖外展，上體隨之左轉，右腿隨體轉迅速屈膝提起，腳尖朝下。左鐮由左上向下、向後畫弧；右鐮由後向下、向前、向上、向左弧形拋掃。目視右鐮。（圖 2–48）

【用途及要點】左鐮反摟身後之敵，右鐮拋掃前敵脖

圖 2–48

頸。雙鐮摟掛、抛掃時幅度宜大、宜快。

37.霸王開弓

　　右腳向右落地，兩腿屈膝半蹲，成馬步。同時，右鐮由前上向右直臂平掃；左鐮由左後向下、向前、向上屈肘架於頭上方。目視右鐮。（圖2-49）

圖2-49

　　【用途及要點】左鐮挑架左前敵之來械，右鐮摟掃右方之敵。落步、架鐮、掃鐮要同時完成。

第 五 段

38.王母拐線（左）

　　（1）身體左轉，兩腿自然成左弓步。同時，左鐮由上向前劈砍後繼續向左後畫弧；右手握鐮隨體轉經上向前劈砍。目視右鐮。（圖2-50）

　　（2）右腳前上一步，右腿屈膝半蹲，左

圖2-50

腿伸直，成右弓步。
同時，右手擺於左腋
下，使右鐮由前向
下、向左、向後下
掛；左鐮由後向上、
向前畫弧，兩臂於胸
前交叉。目視左鐮。
（圖2-51）

圖2-51

【用途及要點】

左鐮劈前敵，敵退，右鐮追劈之。右鐮左掛敵械，左鐮劈
敵上盤。雙鐮劈、掛、摟、砍的幅度要大，速度要快。

39.王母拐線（右）

（1）兩腳不動。左鐮由前向下經身體右側向後畫弧；
右鐮由左後向上、向前繞弧形擺動。目視右鐮。（圖2-
52）

（2）左腿屈膝提擺。左鐮由後向上、向前劈砍；右鐮
由前向下經身體右側
向後畫弧。目視左
鐮。（圖2-53）

（3）左腳體前
落地，左腿屈膝成左
弓步。同時，左鐮由
前向下經身體右側向
後畫弧；右鐮由後向
上、向前劈砍，兩臂

圖2-52

於胸前交叉。目視右
鐮（圖 2-54）

【用途及要點】

左鐮外掛敵械，右鐮
劈砍敵上盤。雙鐮於
體側繞行時要貼近身
體，且勿碰身。

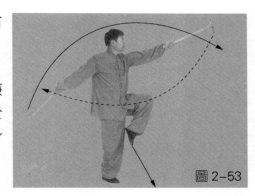

圖 2-53

40.仙童摘瓜

（1）右腳前上一
步，右腿屈膝成右弓
步。右鐮由前向左經
頭上方向右平繞；左
手握鐮，經前向左平
掃。目視前方。（圖
2-55）

圖 2-54

（2）上體左轉，
右腿直立，左腿屈膝
提起，腳尖向下，成
右獨立步。同時，右
鐮隨體轉由右向左平
掃至體前；左鐮繼續
左掃。目視右鐮。
（圖 2-56）

圖 2-55

【用途及要點】
左鐮左畫敵械，右鐮
摟掃敵頭、肩。轉
體、提膝、左摟鐮、
右掃鐮要同時完成。

41. 嫦娥獻果

（1）右腳碾地，
上體繼續左轉，左腳
向右後插落，兩腿屈
膝交叉。兩手握鐮，
使雙鐮由前同時向
左、向下、向右於體
前畫半小圓。目視右
鐮。（圖 2-57）

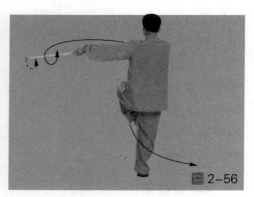

圖 2-56

（2）兩腿下蹲，
成歇步。兩手握鐮，
由前向下經身體右側
向後畫掃。目視右
鐮。（圖 2-58）

圖 2-57

【用途及要點】
雙鐮同時畫掃右、後
之敵。轉體、插步與
雙鐮前繞要同時進
行，重心下沉與雙鐮
右掃要協調一致。

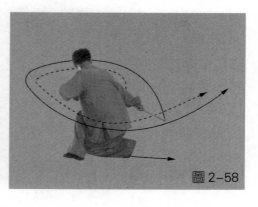

圖 2-58

42.玉樹搖枝

（1）重心上提，上體左轉 180°，左腳前上半步，左腿屈膝成左弓步。雙手握鐮，隨體轉掃至體前。目視左鐮。（圖2-59）

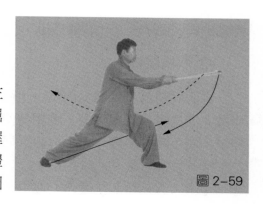

圖2-59

（2）左腿直立，右腿屈膝提起，腳尖向下，成左獨立步。右手握鐮，由右膝外向右下摟掛；左鐮由前向下、向後畫弧。目視右鐮。（圖2-60）

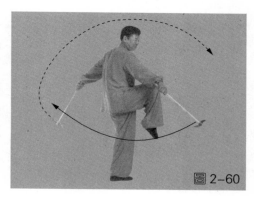

圖2-60

（3）左鐮由後向上、向前下劈點；右鐮繼續向右後畫弧。目視左鐮。（圖2-61）

【用途及要點】

右鐮斜掃敵下盤，左鐮劈點敵上盤。右鐮向外鈎掛敵械，左鐮

圖2-61

劈點敵胸、面。提膝、右鐮掃掛、左鐮劈點要同時完成。

43. 烈馬踢槽

　右腳向前落步，腳尖內扣，上體隨之左轉，兩腿屈膝半蹲，成馬步。右手握鐮，隨體轉使右鐮向下、向右直臂撩擊，右手略高於腰；左手握鐮，屈肘於胸前，使左鐮向左平摟。目視右鐮。（圖 2-62）

　【用途及要點】左鐮向左摟帶敵身，右鐮同時撩擊敵襠部。落步、轉體、左鐮平摟、右鐮撩擊要同時完成。

圖 2-62

第 六 段

44. 靑龍轉身

　兩腳碾地，身體左轉，左腿屈膝，腳尖外展，右腿伸直，腳跟離地。兩手握鐮，使雙鐮向下、向前經左上向左後下方劈摟，左臂伸直，右臂屈肘於胸前。目視左鐮。（圖 2-

圖 2-63

63）

【用途及要點】雙
鐮同時撩擊前方之敵，
反劈左後之敵。轉體、
變步、雙鐮撩、摟劈要
協調一致，前撩時上體
稍前俯，反劈時稍左轉
右傾。

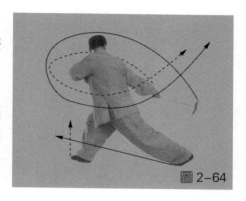

圖2-64

45.獅子回頭

右腳向前擺落，右
腿屈膝，腳尖外展，左
腿伸直，腳跟離地。同
時，兩手握鐮，由左後
向下、向前經右上劈摟
至右後下方，右臂伸
直，左臂屈肘於胸前。
目視右鐮。（圖2－
64）

圖2-65

【用途及要點】雙
鐮同時撩擊前方之敵，反劈右後之敵。要點與青龍轉身相
同。

46.枯樹盤枝

（1）左腳前擺，右腿蹬地跳起，懸空中身體右轉。兩
手握鐮，向左經頭上向右前雲繞。目視右鐮。（圖2-65）

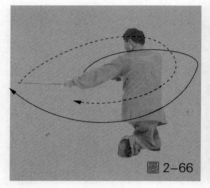

圖 2-66　　　　　　　　　　　圖 2-67

（2）左腳和右腳依次落地，兩腿交叉屈膝下蹲，成歇步。同時，兩手握鐮，由右經前向左平掃。目視左鐮。（圖 2-66）

【用途及要點】雙鐮繞架敵械，順勢掃敵下盤。左腳先落地，右腳於左腳後落地。

47. 白蛇護洞

兩腳碾地，使身體右轉 270°成坐盤。兩手握鐮，隨體掃轉至右腰後，右臂伸直，左臂於胸前屈肘。目視右鐮。（圖 2-67）

【用途及要點】眾敵多方面攻我，我用雙鐮快速掃擊四方敵之下盤。身體右轉時要以腰發力帶動四肢，轉體要快，雙鐮隨體轉而快速掃擊。

48. 雙龍攪海

（1）身體上起。右手握鐮，由右後經前繞至左臂外；左鐮順勢擺至右腋下，使雙鐮頭均向後，兩臂於胸前交

圖 2-68

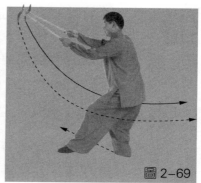

圖 2-69

叉。目視右鐮。（圖 2-68）

（2）左腳向前上步，
腳尖著地，重心下沉成左虛
步。雙鐮由身後同時向下分
別經體側向前撩。目視右
鐮。（圖 2-69）

（3）重心前移，右腿
屈膝離地。雙鐮由前經上分
別向後、向下立繞。目視前
方。（圖 2-70）

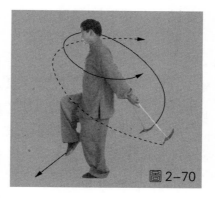

圖 2-70

（4）右腳體前落地，
腳尖外展，兩腿交叉屈膝。
兩手握鐮，由後向下、向前
經胸前分別繞至體側，雙鐮
頭均向後，兩臂於胸前交
叉。目視左側。（圖 2-71）

【用途及要點】雙鐮同

圖 2-71

時砍後敵，撩前敵。交錯剪
鉸前方之敵，分別平掃左、
右、後三方之敵。全動要連
貫協調，一氣呵成。

圖 2-72

49.鳳凰展翅

　　上體右轉。雙鐮隨體轉分
別向前左平掃亮鐮。在雙鐮
前後平掃的同時，右腿屈膝
支撐，左腿迅速屈膝提起，
左腳快速向左側踹。目視左
腳。（圖 2-72）

　　【用途及要點】雙鐮掃擊
前後之敵，左腳側踹左敵之
中盤。雙鐮前後掃擊時要快
速，左腳側踹要用力。

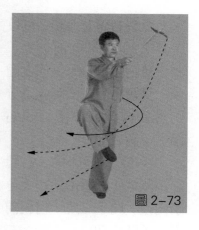

圖 2-73

50.老君撣塵

　　左腳落地，左腿屈膝支
撐，腳尖外展，上體隨之左轉 180°，右腿隨體轉屈膝提
起，腳尖向下，成左獨立步。左鐮向下、向後直臂反摟至
身後；右手握鐮，隨體轉向左、向上拋掃至左前上方，右
臂屈肘。目視右鐮。（圖 2-73）

　　【用途及要點】敵分前後攻我，左鐮反摟後敵之襠、
腹；右鐮掃砍前敵頸、頭部位。落步要快，轉體要疾，雙
鐮隨體轉而快速拋掃、反摟，右鐮拋掃時要甩臂抖腕。

51.順藤摸瓜

　　左腿屈膝全蹲，右腿平鋪伸直，成右仆步。左手握鐮，由後向下、向前與右鐮隨重心下沉同時向右平掃。目視右鐮。（圖 2-74）

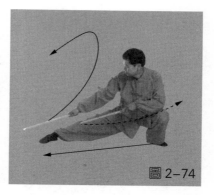

圖 2-74

　　【用途及要點】右腳搓蹬敵腳面，雙鐮掃擊敵下盤，仆步，雙鐮右掃要協調。

52.夜郎叩門

　　重心移於右腿，左腳向右腳前上步，腳尖著地，右腿屈膝，成左虛步。左鐮經前向左下畫弧；右鐮隨體上起向後經上向右前上方立繞劈鈎。目視右鐮。（圖 2-75）

圖 2-75

　　【用途及要點】敵持械從前方攻我中下盤，我用左鐮向左下鈎掛敵械，右鐮劈啄敵胸、面。左腳上步、左鐮左掛，右鐮劈鈎要同時完成。

53.六甲值丁

　　（1）重心稍前移，左腿屈膝。兩手握鐮，分別經體側向後畫弧。目視右下方。（圖 2-76）

圖 2-76

2-77

（2）右腳向左腳併步。兩手握鐮，由後向上、向前、向下立圓繞行，兩肘微屈，雙鐮尖均向下，頭向左擺。目視左方。（圖 2-77）

【用途及要點】雙鐮同時摟後敵、砍前敵；摟掛左、右敵之來械。併步、雙鐮立圓前下繞與擺頭同時完成。

圖 2-78

收　勢

兩臂自然下垂，兩手握柄，貼於兩大腿外側，兩把平置，鐮尖向下。目視前方。（圖 2-78）

第三章

迷蹤拳雙拐

迷蹤拳雙拐又名土龍雙拐。其特點是大開大合、勁順招圓、舒展大方、剛猛快速。拐論云：「上打插花蓋頂，下打枯樹盤根，左打青龍出海，右打怪蟒翻身，前打猛虎攔路，後打鷂子入林，運拐似狂風吹面，點打如細雨紛紛。」

主要技法有戳、點、劈、扎、掃、撩、挑、擺、砸、崩、架、截、格、攔、貫、插、貼、晃等等。

動作名稱

預備勢

第一段

1. 雙鷹落架
2. 落葉歸根
3. 將軍掛印
4. 逆水行舟(左)
5. 逆水行舟(右)
6. 游神探路
7. 羅漢劈山
8. 小聖巡山
9. 烈馬踢槽
10. 白虎跳澗

第二段

11. 力士伏虎
12. 王母趕鶴
13. 共氏觸山
14. 扭轉乾坤
15. 雙龍盤絞
16. 百鳥朝鳳
17. 玉女穿梭
18. 麒麟送子

第三段

19. 蒼鷹護巢
20. 迎風擺荷(左)
21. 迎風擺荷(右)
22. 猛虎錯牙
23. 托天架
24. 大鵬展翅
25. 雙龍爭穴

第四段

26. 青龍掛壁
27. 平沙落雁
28. 金剛晃臂
29. 仙人幻影
30. 紫藤繞樹
31. 撥草尋蛇

第五段

32. 迎面蓋頂
33. 逆水搖櫓
34. 倒劈金殿
35. 雙星落地
36. 蒼龍繞背(左)
37. 蒼龍繞背(右)
38. 推波逐浪(右)
39. 推波逐浪(左)
40. 彩蝶雙飛(左)
41. 彩蝶雙飛(右)
42. 勒馬聽風

43.猛虎攔路　　　45.雷峰劈塔　　　　收　勢
44.霸王別姬　　　46.遙指北斗

動作圖解

預備勢

兩腳併步站立。兩手各握一個小拐把，直臂下垂於兩大腿外側，拐身貼臂，拐尖向上。目視前方。（圖3-1）

第 一 段

1.雙鷹落架

（1）左腿挺膝站立，右腿屈膝提起。同時，兩手握拐，直臂後舉。目視右下方。（圖3-2）

（2）右腳震踏地面，右腿屈膝，左腳向前上步，腳尖

圖3-1

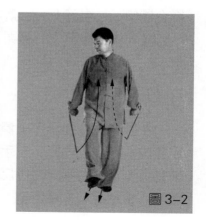

圖3-2

圖 3-3　　　　　　　　圖 3-4

虛點地面，成左虛點步。同時，兩手握拐，直臂向前伸舉，手心向下，虎口相對。目視雙手。（圖 3-3）

【用途及要點】右腳震踏地面，使左腳快速向前上步。兩手前伸時與肩同寬，略低於肩。

2.落葉歸根

右腳向左腳併步，兩腿直立。同時，兩手握拐，仍下降至體側。目視前方。（圖 3-4）

【用途及要點】右腳與左腳併步、兩臂下垂要協調一致。

3.將軍掛印

左腳向左後插步，上體隨之稍右轉，左腿伸直，右腿屈膝成右弓步。同時，左手握拐，左前甩舉，使左拐向左前畫弧撩擊；右拐向右後反撩，拐尖向右後下方，雙臂伸直。目視左拐。（圖 3-5）

圖 3-5

圖 3-6

【用途及要點】雙拐同時撩擊左前、右後之敵。雙拐撩擊時要用力，轉體、插步、雙拐同撩要協調一致。

4.逆水行舟（左）

（1）兩腳碾地，使身體左轉，左腿屈膝半蹲，右腿伸直，成左弓步。同時，左手握拐，隨體轉向左、向前平掃；右拐隨之掃至右後。目視左拐。（圖3-6）

（2）上體稍左轉。左手握拐，由前繼續向左、向後直

臂畫弧繞掃；右拐由
後經身體右側屈肘掃
至左前方。目視右
拐。（圖3-7）

【用途及要點】
雙拐同時掃擊左、
前、右、後之敵。轉
體、雙拐掃擊要協調
一致，雙拐掃擊要用
力，使雙拐在掃擊時
要平、要圓、要快。

圖3-7

5.逆水行舟（右）

右腳向前上一步，右腿屈膝半蹲，左腿伸直，成右弓
步。同時，右手握拐，由左前向右經身體右側向後直臂弧
形掃拐；左手握拐，屈肘於胸前，使左拐由後向前、向右
弧形繞掃。目視右
拐。（圖3-8）

【用途及要點】
掃擊左、前、右三方
之敵。右腳上步與雙
拐平掃要同時完成。

6.游神探路

右腿直立支撐，
左腿屈膝前上提，腳

圖3-8

面繃平，腳尖向下，
成右獨立步。左手握
拐，由右前直臂掃至
身體左側；右手握
拐，使拐尖由後向下
經身體右側向前直臂
戳擊。目視左拐尖。
（圖 3-9）

圖 3-9

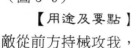

敵從前方持械攻我，
我左拐撥攔敵械，右拐戳敵中、上盤。左拐左掃要快、要
平，右拐戳擊時要用力，力在拐尖。提膝、掃拐、戳拐要
同時完成。

7.羅漢劈山

（1）左腳向體前落地，兩腿稍屈。兩手持拐，使雙拐
尖沉降於左前下方，兩肘
微屈。目視左拐。（圖
3-10）

（2）右腳迅速前擺，
左腳隨即蹬地跳起，懸空
中身體左轉約 180°。同
時，兩手握拐，隨體轉使
雙拐繼續向左、向前畫弧
撩擊。目視右拐。（圖
3-11）

圖 3-10

圖 3-11　　　　　　　　圖 3-12

（3）右腳先落地，右腿屈膝半蹲，腳尖外展，左腳向右後插步，左腿伸直，腳跟離地。同時，兩手握拐，使雙拐由前經上向右後下方劈拐，右臂伸直，左臂屈肘。目視右拐。（圖 3-12）

【用途及要點】雙拐同時撩擊前方之敵，反劈身後之敵。懸空轉體與雙拐前撩要同時進行，雙腳落地與雙拐反劈要協調一致。跳起要高，雙腳落地要輕穩，雙拐反劈時要快速有力，上體稍右轉左傾。

8. 小聖巡山

（1）以右腳跟左腳掌為軸碾地，使身體左轉 180°，左腿屈膝半蹲，右腿伸直，成左弓步。左手握拐，隨體轉使左拐由右後掃至體前；右拐隨之掃至體後。目視左拐。（圖 3-13）

（2）左手握拐，屈肘回收於左腰側，拐尖朝前；右手握拐，由後經身體右側直臂畫弧掃至體前。目視右拐。

圖 3-13

（圖 3-14）

【用途及要點】

雙拐掃擊四方來敵之
中盤。轉體要快要
穩，雙拐掃擊要平、
要圓，快速有力。

9.烈馬踢槽

圖 3-14

左腿直立，右腳
向前快速彈擊。同
時，左手握拐，使拐
尖由左向前直臂戳
擊；右手握拐，屈肘
回收於右腹前，拐尖
朝前。目視左拐尖。

（圖 3-15）

圖 3-15

【用途及要點】敵持
械從前方攻我，我用右拐
格壓敵械，左拐戳擊敵
中、上盤，同時，右腳彈
擊敵襠、腹部位。右腳彈
擊時，右腿先屈膝提起，
然後快速向前崩彈，右腿
伸直，腳面繃平，力達腳
尖。右腿前彈、右拐回收

圖3-16

與左拐向前戳擊要同時完成。

10. 白虎跳澗

右腿迅速屈膝回收，左腳隨即蹬地跳起後向前快速彈
擊。懸空中，左拐屈肘回收至左腰側；右拐用力向前快速
戳擊，力在拐尖。目視右拐。（圖3-16）

【用途及要點】敵持械從前方攻我，我用左拐格壓敵
械，右拐尖戳擊敵上盤，左腳彈擊中盤。左腳跳起向體前
彈擊時，右腿屈膝收控於體前。右腿屈膝、左腳前彈、左
拐回收、右拐前戳要協調一致。

第 二 段

11. 力士伏虎

右腳和左腳依次落地，左腿屈膝全蹲，右腿鋪平伸
直，成右仆步，上體隨之右轉。右手握拐，隨體轉由前斜
掃至右腿上方；左手握拐，向左平伸，使拐尖扎向左方。

圖3-17

目視右拐。（圖3-17）

【用途及要點】敵分左、右方向攻我，我用右拐掃擊右敵之下盤，左拐扎擊左敵之中盤。右拐斜掃要快速有力，左腿下蹲、右腿仆伸與左扎拐、右掃拐同時完成。

12. 王母趕鶴

身體上起右轉，左腳向前上一步，左腿屈膝半蹲，右腿伸直，成左弓步。右手握拐，由右向後直臂斜掃，拐尖向後下；左拐隨體轉由左畫弧掃至體前，拐尖向右前。目視左拐。（圖3-18）

【用途及要點】敵持械從右前方攻我，我用右拐外掛敵械，左拐掃擊敵身。起身、上步、右拐右後掃、左拐前掃要同時完成。

圖3-18

圖3-19

13. 共氏觸山

右腳向前上一步，左腿屈膝半蹲，左腿伸直，成右弓步。同時，左手握拐，由前向左、向後直臂平掃；右手握拐，使拐尖由後向下經身體右側向前直臂戳擊。目視右拐。（圖3-19）

【用途及要點】左拐掃擊左後之敵，右拐戳擊前敵之中盤。左拐左後掃時要快速，右拐前戳要用力，力在拐尖。右腳上步、左拐左掃、右拐前戳要協調一致。

14. 扭轉乾坤

（1）身體左轉，左腿屈膝，右腿伸直。左手握拐，向左下畫弧，拐尖向前下；右手握拐，隨體轉由前向右前上方畫弧掛舉，拐尖向前上。目視右拐。（圖3-20）

（2）右腳向左腳併步，腳尖著地，雙腿屈膝下蹲，成右丁步。在兩腿下蹲的同時，右拐由前上向下經身體右側向後畫弧反撩；左拐由後向下經身體左側向前、向上、向

右橫架於頭頂上方。目視左拐。（圖3-21）

【用途及要點】左拐上架敵械，右拐反撩身後之敵。左拐撩擊體前之敵，右拐後掛右方敵之來械。雙拐前後撩擊時要用力，勁要均勻。併步、重心下降與左拐撩架、右拐後撩要同時完成。

15. 雙龍盤絞

（1）身體上起，左腳站立，右腿屈膝提起，腳尖朝下。同時，右手握拐，由後向下經身體右側向前上畫弧撩拐；左手握拐，由上向前下經身體左側向後弧形繞環反撩。目視右拐。（圖3-22）

（2）右腳向右跨擺，左腳蹬地跳起，懸空中身體右轉。右手握拐，隨體轉由前向

右下經身體右側向後
斜掃，拐尖斜向後
下；左拐由後向上、
向右前弧形繞環劈
蓋。目視左拐。（圖
3-23）

圖3-23

（3）右腳先落
地，左腳經右腳內側
向前落步，左腿屈膝
半蹲，右腿伸直，成
左弓步。同時，左手
擺至右腋下，使左拐
由前經右向後掃拐至
右腋後；右拐由後向
上、向前畫弧劈蓋。
目視右拐。（圖3-
24）

圖3-24

【用途及要點】
右拐外挎敵械，左拐

斜劈敵身。左拐外掛敵械，右拐劈蓋敵上盤。身體跳起要
高要遠，落地要輕穩。起跳、懸空轉體與右拐後掃、左拐
斜劈同時進行。兩腳落地與左拐後掃、右拐前劈要協調一
致。

16.百鳥朝鳳

　　兩手握拐，使雙拐於身體右側分別向前後撩擊，左拐

尖向前上，右拐尖向後下。在雙拐前後分撩的同時，右腳向前下方搓蹬地面。目視左拐。（圖3-25）

圖3-25

【用途及要點】左拐撩擊前方之敵，右拐反撩身後之敵，同時，右腳搓蹬敵下盤。搓腳時，右腿於身後稍屈膝提起移至左腳右前，腳尖外展，右腿伸直，用腳跟向前下搓蹬地面，力在腳跟。搓腳、雙拐前後撩擊要同時完成。

17.玉女穿梭

右腳於體前落地，左腿屈膝提起，左腳面貼扣於右膝後側，右腿隨即屈膝。同時，右手握拐，使拐尖由後向下經身體右側向前直臂戳擊；左手握拐，由前向上、向後橫架於頭頂上方。目視右拐尖。（圖3-26）

圖3-26

【用途及要點】敵持械從前方攻我上盤，我用左拐上架敵械，右拐尖戳擊敵中盤。左腳扣擺、右腿屈膝與左拐

上架、右拐向前戳擊要同
時完成。

18.麒麟送子

（1）身體稍上起，
左腳向體前落步，左腿屈
膝。同時，右拐由前向右
平畫；左拐由上向右前降
落，使雙拐平置於右前，
兩虎口相對，手心向下。
目視右拐。（圖3-27）

圖3-27

（2）右腳前擺，左
腳蹬地跳起，懸空中身體
稍右轉。同時，兩手握
拐，使雙拐由前向上、向
右、向後畫弧，右臂伸
直，左臂屈肘於胸前。目
視前方。（圖3-28）

圖3-28

（3）右腳先落地，上體稍左轉，左腳經右腳內側向前
落步，左腿屈膝半蹲，右腿伸直，成左弓步。兩手握拐，
使雙拐尖由後向下經身體右側向前畫弧戳擊。目視雙拐
尖。（圖3-29）

【用途及要點】雙拐同時劈蓋右後之敵，戳擊前方之
敵。跳起時要高要遠，跳起、雙拐右後反劈要同時進行。
左腳上步、雙拐前戳要協調一致。

圖 3-29

圖 3-30

第 三 段

19. 蒼鷹護巢

（1）兩腳用力碾地，使身體右轉 180°，右腿屈膝成右弓步。同時，兩手握拐，隨體轉使雙拐向右平掃至體前。目視雙拐。（圖 3-30）

（2）左腳前擺，右腳蹬地跳起，懸空中身體右轉約 180°。雙手握拐，使雙拐隨體轉繼續向右經頭上向左、向

圖 3-31　　　　　　　　　　　　　圖 3-32

前平圓繞行。目視右拐。（圖 3-31）

（3）左腳先落地，右腳向體後落步，身體隨之右轉，兩腿屈膝半蹲，成馬步。雙手握拐，使雙拐由前向右平掃，右臂伸直，左臂屈肘。目視右拐。（圖 3-32）

【用途及要點】雙拐隨體轉掃、畫、撥、架上方敵之來械。雙拐同時掃擊右側之敵。頭上雲拐要平、要圓、要快，雙拐右掃要用力。懸空轉體、雙拐平雲要同時進行。雙腳落地與雙拐右掃要同時完成。

20.迎風擺荷（左）

（1）身體右轉，右腿屈膝成右弓步。同時，兩手握拐，隨體轉使雙拐向右前上方斜舉，雙拐尖向右前上方。目視左拐尖。（圖 3-33）

（2）右腿屈膝站立，左腳向前搓掛地面。在左腳搓掛地面的同時，兩手握拐，使雙拐由右前上方經身體左側向後下劈甩掛；左臂伸直，右臂屈肘於胸前。目視左拐。（圖 3-34）

【用途及要點】雙拐同時擺挑右前之敵，斜劈左前之敵，反掃左後之敵，同時左腳搓掛前敵下盤。左腳搓掛發力要剛脆，雙拐斜劈要剛暴有力，雙拐劈至左後時上體稍左轉。搓腳、雙拐斜劈要同時完成。

21.迎風擺荷（右）

（1）左腳於體前落地，左腿屈膝。同時，兩手握拐，使雙拐由後經身體左側向前上畫弧撩拐。目視右拐。（圖3-35）

（2）左腿直立支撐，右腳向前下搓掛地面。同時，雙手握拐，使雙拐由前向下經身體右側向後下斜劈

甩掛。目視右拐。
（圖3-36）

【用途及要點】
雙拐撩擊左前之敵，
斜劈右前、右後之
敵，同時右腳搓掛前
敵之下盤。右腳搓掛
與雙拐右後斜劈甩掛
要協調一致。

圖3-36

22.猛虎錯牙

（1）右腳體前落
地，右腿屈膝半蹲，
左腿伸直，成右弓
步。同時，左手握
拐，由右後畫弧掃至
體前；右手握拐，使
拐尖由後向下、向前
立繞至右腰側。目視
左拐。（圖3-37）

圖3-37

（2）左手握拐，
屈肘回收至左腰側；
同時，右拐向前直臂
戳擊，力在拐尖。目
視右拐尖。（圖3-
38）

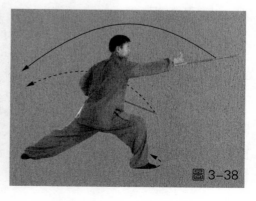

圖3-38

【用途及要點】
敵持械從前方攻我，
我用左拐外掛敵械，
右拐戳擊敵中盤。左
拐掃擊要快速，右拐
戳擊要用力。左拐回
收、右拐前戳要協調
一致。

圖 3-39

23.托天架

（1）兩腳碾地，
使身體左轉 180°，
左腿屈膝，右腿自然
伸直，成左弓步。同
時，兩手握拐，隨體
轉使雙拐左掃至體
前，雙臂屈肘外撐。
目視雙拐尖。（圖
3-39）

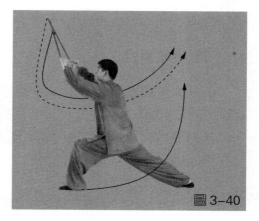

圖 3-40

（2）兩手握
拐，屈肘前上舉，使雙拐交叉上舉於頭前上方。目視雙拐
交叉處。（圖 3-40）

【用途及要點】雙拐同時掃擊身後之敵，上架敵之來
械。雙拐隨體轉順勢前掃、上架拐時雙手同時用力，力要
均勻，轉體、架拐要協調。

24.大鵬展翅

重心後移，右腿屈膝支撐，左腿屈膝後上撩，腳掌朝上，上體前俯。同時，雙手握拐，由前上向下分別經體側向後畫弧撩拐。目視左前方。（圖3-41）

圖 3-41

25.雙龍爭穴

（1）左腳於身後落地，身體隨之左轉180°，左腿屈膝，右腿自然伸直，成左弓步。同時，左手握拐，向上、向左掃至體前；右手握拐，隨體轉屈肘擺於右腰側，拐尖朝前。目視左拐。（圖3-42）

（2）右腳向前上一步，右腿屈膝半蹲，左腳活步稍前移，左膝跪離地面，腳跟離地。同時，左手握拐，屈肘回收至左腰側，拐尖朝前；右手握拐，使拐尖於

圖 3-42

體右側向前下直臂戳擊。目視右拐尖。（圖3-43）

【用途及要點】左拐下壓後挫敵械，右拐戳擊敵中、下盤。轉體、左拐前掃、右拐繞藏要同時進行。右腳上步、左腿跪膝與左拐回收、右拐戳擊要協調一致。

圖3-43

第 四 段

26.青龍掛壁

（1）重心後移，右腳向後偷步，兩膝微屈。同時，兩手握拐，平擺於右前方。目視右拐。（圖3-44）

（2）身體右轉約180°，右腿屈膝，左腿自然伸直，成右弓步。同時，兩手握拐，隨體轉使雙拐向右平掃至體前。目視右拐。（圖

圖3-44

圖3-45

3-45）

（3）右腿直立支撐，左腿屈膝前上提，腳尖向下，成右獨立步。同時，左手握拐，由前向下經身體左側向後弧形斜掃；右手握拐，由前向右、向上橫架於頭頂上方。目視前方。（圖3-46）

圖3-46

【用途及要點】雙拐同時掃擊右前敵之中盤。右拐上架敵械，左拐反掃後敵之下盤。提膝、架拐、掃拐要同時完成。

27.平沙落雁

（1）左腳前擺，右腳蹬地跳起，懸空身體左轉。同時，左手握拐，由後經體左側向前上畫弧提撩；右手握拐，屈肘擺至左肩外，使右拐由上向左後畫弧，拐尖向左上。目視右拐。（圖3-47）

圖3-47

（2）左腳和右腳依次落地，左腿屈膝全蹲，右腿平鋪伸直，成右仆步。兩手握拐，使雙拐於左前分別向體側掃拐，兩臂伸直。目視右拐。（圖3-48）

【用途及要點】左拐撩擊前方之敵，右拐劈蓋左後之

圖3-48

圖3-49

敵。雙拐同時掃擊左、右敵之下盤。身體跳起與雙臂交
叉、雙拐斜上舉同時進行。左腿屈膝、右腿平鋪與雙拐體
側掃擊要協調一致。

28.金剛晃臂

（1）身體上起右轉，右腿屈膝，左腿伸直，成右弓
步。左手握拐，隨體轉使左拐經身體左側向前上直臂撩
起；右拐由左向右、向後繞弧形掃擊，拐尖斜向後下。目
視左拐。（圖3-49）

（2）左腳向前
上一步，左腿屈膝半
蹲，右腿伸直，成左
弓步。在左腳向前上
步的同時，左拐由前
向下經身體左側向後
反撩；右拐由後向下
經身體右側向前上直
臂擺挑。目視右拐。
（圖3-50）

圖 3-50

【用途及要點】敵從前後攻我，我用雙拐交替擺挑前
方之敵，撩擊身後之敵。雙拐前後擺撩時要快速剛猛，以
腰發力，帶動雙臂。身體上起成右弓步與左拐前上擺挑、
右拐身後反撩要同時進行。左腳上步與右拐前上擺挑、左
拐後下撩擊要協調一致。

29.仙人幻影

（1）右腳向前
上一步，腳尖內扣、
屈右膝。同時，左手
握拐，由後向下經身
體左側向前撩拐；右
手握拐，稍下降使右
拐與左拐並擺。目視
左拐。（圖3-51）

圖 3-51

（2）兩腳碾地，身體左轉約180°，左腿屈膝，右腿伸直，成左弓步。雙手握拐，隨體轉使雙拐由前經上向右前劈蓋。目視右拐。（圖3-52）

圖3-52

（3）重心後移，右腿屈膝半蹲，腳尖外展，左腳經右腿內側向右後插步，左腿伸直，腳跟離地。同時，兩手握拐，使雙拐由右前向下經身體右側向後畫弧反撩、右臂伸直，左臂屈肘。目視右拐。（圖3-53）

【用途及要點】雙拐同時劈蓋右前之敵，反撩身後之敵。轉體、雙拐右前劈蓋要同時進行，右腿屈膝、左腿後插與雙拐後撩要協調一致。

30.紫藤繞樹

（1）兩腳用力碾地，使身體左轉180°，左腿屈膝，右腿伸直，成左弓步。雙手握拐，隨體轉使雙拐

圖3-53

由右後向左掃至體前。目視左拐。（圖3-54）

（2）左腳碾地，使身體繼續左轉，右腿隨體轉屈膝上提，腳尖向下，成左獨立步。雙手握拐，隨體轉使雙拐由前繼續左掃，左臂伸直，右臂屈肘。目視左拐。（圖3-55）

圖3-54

【用途及要點】

眾敵從四方攻我，我用左拐蕩開敵械，右拐掃擊敵中盤。轉體要快、要穩，雙拐掃擊要平、要圓、要快速有力。轉體、提膝、雙拐左掃要協調一致。

圖3-55

31.撥草尋蛇

右腳向右落地，左腿屈膝提起，左腳面貼扣於右膝後側，右腿隨即屈膝。同時，右手握拐，由左經前向右下直臂斜掃；左拐由左向上、向右橫架於頭頂上方。目視右拐。（圖3-56）

圖3-56

【用途及要點】敵持械從右方攻我上盤，我用左拐上架敵械，右拐掃擊敵下盤。左腳扣膝、右腿屈膝與左拐上架、右拐掃擊要協調一致。

第 五 段

32.迎面蓋頂

（1）身體上起左轉。左手握拐，由上向前直臂劈拐；右拐隨體轉由右下直臂右後上舉，拐尖向後上。目視左拐。（圖3-57）

（2）左腳體前落步，左腿屈膝半蹲，右腿伸直，成左弓步。同時，左手握拐，由前向

圖3-57

下經身體左側向後畫
弧撩拐；右拐由後向
上、向前直臂畫弧蓋
劈。目視右拐。（圖
3-58）

圖3-58

【用途及要點】
敵持械從前方攻我，
我用左拐外掛敵械，
右拐蓋劈敵上盤。轉
體、劈拐、右拐右後
上舉要協調，左腳上步、左拐反撩、右拐蓋劈要同時完
成。掛拐、劈拐的幅度宜大。

33.逆水搖槳

　　右腳向前上一步，右腿屈膝半蹲，左腿伸直，成右弓
步。同時，左手握拐，由後向下經身體左側向前撩拐；右
拐由前向下經身體左
側向後斜掃，兩臂於
左前交叉，右臂在
外。目視右拐。（圖
3-59）

圖3-59

【用途及要點】
左拐撩擊前方之敵，
右拐掃擊左後之敵。
左拐前撩要用力，右
拐左後掃擊要快速。

右腳上步、左拐前
撩與右拐左後掃擊
要同時完成。

34.倒劈金殿

（1）兩腳用
力碾地，使身體左
轉約 180°，右腿
屈膝半蹲，左腳後
移，腳尖著地，成

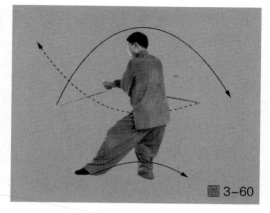

左虛步。兩手握拐，隨轉體後擺至右腰側。目視右拐。
（圖 3-60）

（2）左腳向後偷步，兩腿屈膝。同時，右手握拐，由
前向上、向後畫弧反劈；左拐由後向下經身體右側向前撩
拐。目視左拐。（圖 3-61）

（3）身體繼
續左轉，左腳左移
半步，左腿屈膝半
蹲，右腿伸直，成
左弓步。左手握
拐，隨體轉經上向
左直臂畫弧劈拐；
右拐由後向前、向
上舉至右上方。目
視左拐。（圖3-62）

圖3-62

（4）上體繼續左轉。左拐由前向下經身體左側向後弧
形撩拐；右拐由右後上方向前直臂畫弧劈蓋。目視右拐。
（圖3-63）

【用途及要點】右拐反劈敵上盤，左拐前撩敵下盤。
敵從身後攻我，我速轉體，用左拐斜劈敵身，敵退，我用
右拐劈蓋敵上盤。轉體、偷步與右拐反劈、左拐前撩要同
時進行。上體繼續
左轉，左拐劈掛、
右拐蓋劈要協調一
致。

圖3-63

35.雙星落地

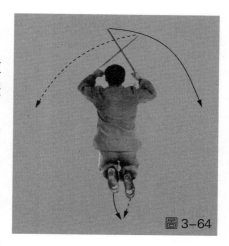

圖3-64

（1）右腳前擺，左腳蹬地跳起，懸空中身體左轉。同時，兩手握拐，向上分別環舉於頭側，兩肘微屈，兩手與頭同高，使雙拐於頭前上方交叉。目視雙拐交叉處。（圖3-64）

（2）右腳落地，左腳向右後插步，雙腿交叉屈膝下蹲，成歇步。同時，兩手握拐，使雙拐由上分別向體側直臂畫弧劈落。目視左拐。（圖3-65）

【用途及要點】雙械交叉上舉，為撐架敵之上方來械。雙拐同時劈砸左、右之敵。歇步時兩腿要緊，雙拐側劈時要用力。歇步、雙拐側劈要同時完成。

圖3-65

圖 3-66　　　　圖 3-67

36. 蒼龍繞背（左）

（1）身體上起左轉，左拐隨之上擺。同時，右手握拐，隨體轉向左掃至體右側。目視右拐。（圖 3-66）

（2）左腳後移半步，身體隨之左轉，兩腿屈膝半蹲，成馬步。同時，左手握拐，由前向左經身體左側向後、向右弧形繞掃，左臂屈肘，左拐貼於後背；右手握拐，隨體轉使右拐由右向左平掃至左前、拐尖向左。目視右拐。（圖 3-67）

【用途及要點】右拐掃擊右前之敵，左拐掃擊左後之敵。轉體要快，掃拐要疾。左腳後移，身體左轉與雙拐掃擊同時完成。

37. 蒼龍繞背（右）

（1）兩腳不動。右手握拐，使右拐由左前向右平掃至體側；左拐由後繞弧形掃至左前。目視左拐。（圖 3-68）

（2）兩腳不動。右
拐由右向後、向左繞弧形
掃轉，右肘微屈，拐身貼
於後背；左手握拐，左臂
屈肘於胸前，使左拐由左
前向右平掃至右前方，拐
尖向右。目視左拐。（圖
3-69）

圖3-68

【用途及要點】右拐
掃擊右後之敵，左拐平掃
左前之敵。掃拐時，要用
腰發力，帶動雙臂，使雙
拐快速掃轉。

38. 推波逐浪（右）

（1）右腳向右後插
步伸直，左腿屈膝。雙手
握拐，使雙拐由右向上經
頭頂上方向左前雲繞，兩
肘微屈。目視右拐。（圖
3-70）

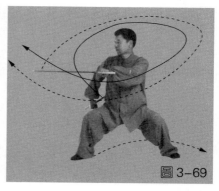

圖3-69

（2）身體右轉，左
腳向右後插步伸直，腳跟
離地，右腿屈膝，腳尖外
展。同時，兩手握拐，使
雙拐由左前同時向下經身

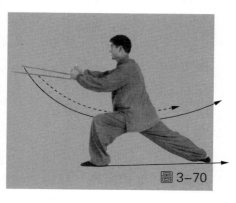

圖3-70

體右側向後反撩，右臂伸
直，左臂屈肘。目視右
拐。（圖3-71）

圖3-71

【用途及要點】雙拐
撥、畫、掃、架敵械。掃
擊前、右、後之敵。雙拐
頭上雲繞要平、要圓、要
快，幅度要大，轉體掃拐
要用力。右腳退步與雲拐
同時進行。左腳後插與雙
拐反撩要協調一致。

39. 推波逐浪（左）

（1）左腳向左後跨
步，右腿屈膝成右弓步。
同時，雙手握拐，使雙拐
由右後向前、向左繞弧形
平掃。目視左拐。（圖
3-72）

圖3-72

（2）右腿屈膝後
擺。兩手握拐，使雙拐由
左向上經頭頂上方繞至右
前。目視右拐。（圖3-
73）

（3）右腳向左後插
步伸直，腳跟離地，左腿

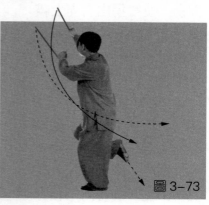

圖3-73

屈膝半蹲，腳尖外展，成右插步。同時，兩手握拐，使雙拐由右前向左後下方斜掃，左臂伸直，右臂屈肘。目視左拐。（圖3-74）

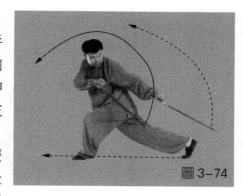

圖3-74

【用途及要點】雙拐同時掃擊前、左、後三方之敵。右插步宜大、宜穩。雙拐左下斜掃時，上體稍左轉右傾。

第 六 段

40.彩蝶雙飛（左）

（1）右腳向前上一步，右腿屈膝，左腿伸直成右弓步。同時，右手握拐，由左向上、向前畫弧劈拐；左拐由後下直臂上舉至體後上方，拐尖向後上。目視右拐。（圖3-75）

（2）左拐由後上向前直臂劈拐；同時，右拐由前向下經身體右側向後弧形繞

圖3-75

圖 3-76

圖 3-77

掃。目視左拐。（圖3-76）

　　（3）左腳向前上步，左腿屈膝成左弓步。同時，左拐由前向下經身體右側向後弧形掃掛；右拐由後向上、向前畫弧劈拐，右臂伸直，左臂屈肘。目視右拐。（圖3-77）

　　【用途及要點】雙拐交替劈蓋前方之敵，撩擊身後之敵。敵持械從前方攻我，我用左拐右掛敵械，右拐劈蓋敵上盤。雙拐左、右劈掛時要貼近身體，但不可觸地碰身。

圖 3-78

圖 3-79

勁要使勻，幅度盡量放大。

41.彩蝶雙飛（右）

（1）右拐由前向下經身體左側向後弧形掃掛；左拐由後向上、向前直臂畫弧。目隨視右拐。（圖 3-78）

（2）右拐由後向上、向前畫弧劈拐；左拐由前向下經身體左側向後弧形反撩。目視右拐。（圖 3-79）

（3）右腳向前上一步，右腿屈膝半蹲，左腿伸直，成右弓步。同時，右拐由前向下經身體左側向後弧形掃掛；左拐由後向上、向前直臂劈拐。右臂屈肘，左臂伸直。目視左拐。（圖3-80）

圖3-80

【用途及要點】雙拐劈蓋左前之敵，撩、掃身後之敵，同時雙拐撥掛左側敵之來械。

42.勒馬聽風

（1）左拐由前向下經身體右側向後弧形掃掛；右拐由後向上、向前畫弧。目隨視左拐。（圖3-81）

圖3-81

（2）左拐由後向上、向前畫弧劈拐；右拐由前向下經身體右側向後弧形掃掛。目視左拐。（圖3-82）

圖3-82

（3）左腳向前上一步，左腿屈膝半蹲，右腿伸直，成左弓步。同時，左拐由前向下經身體右側向後弧形掃掛；右拐由後向上、向前直臂畫弧劈拐。目視右拐。（圖3-83）

圖3-83

（4）右腳向前上一步，腳尖內扣，身體左轉約180°，左腿屈膝，右腿伸直，成左弓步。同時，左手握拐，隨體轉使左拐由右向左掃至體前；右手握拐，向左、向上經頭上向右前雲繞。目視左拐。（圖3-84）

圖3-84

（5）重心後移，左腳向後偷步，身體隨之左轉約180°，兩腿自然成左弓步。兩手握拐，隨體轉使雙拐向左平掃至右前方。目視左拐。（圖3-85）

圖3-85

（6）左腳碾
地，身體繼續左轉，
右腿隨體轉屈膝左上
提，腳面繃平，腳尖
向下。同時，兩手握
拐，使雙拐隨體轉繼
續向左平掃，左臂伸
直，右臂屈肘。目視
左拐。（圖3-86）

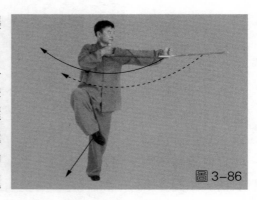

圖3-86

【用途及要點】雙拐同時掃擊四方之敵。偷步、轉體、
雙拐平掃要同時進行。轉體、提膝、雙拐左掃要協調一
致。

43.猛虎攔路

右腳向右落地，兩腿屈膝半蹲，成馬步。同時，兩手
握拐，使雙拐由左經前向右平掃，右臂伸直，左臂屈肘。
目視右拐。（圖3-87）

【用途及要點】
雙拐同時掃擊右前
之敵。右腳落地時
兩腳略寬於肩，腳
尖內扣，提胸、立
腰。雙拐右掃要快
速有力。右腳落
地、雙拐右掃要協
調。

圖3-87

44.霸王別姬

（1）身體右轉，左腳前擺，右腳蹬地跳起，懸空中身體左轉。同時，兩手握拐，使雙拐由右向上、向左畫弧。目視左拐。（圖3-88）

圖3-88

（2）左、右腳依次落地，左腿屈膝全蹲，右腿伸直，成右仆步。同時，雙手握拐，使雙拐由左向下經前向右掃拐，左臂屈肘，右臂伸直。目視右拐。（圖3-89）

【用途及要點】雙拐同時劈打左方敵之上盤，掃擊右方敵之下盤。跳起、轉體、雙拐左前劈打要同時進行，左腿屈膝、右腿仆伸與雙拐右掃要協調一致。右掃拐時上體稍右轉前傾。

圖3-89

45.雷峰劈塔

（1）身體上起左轉，左腿屈膝成左弓步。雙手握拐，使雙拐由右向左、向前畫弧撩拐。目視右拐。（圖3-90）

圖3-90

（2）上體右轉，右腿屈膝成右弓步。右手握拐，由前向上、向右前直臂劈拐；左拐隨之舉至左上方。目視右拐。（圖3-91）

（3）右手握拐，屈肘回收於右腰側，拐尖朝前下；左拐由左上向右前上方劈蓋。目視左拐。（圖3-92）

【用途及要點】雙拐同時撩擊左前之敵。敵持械從右前方攻我，我用右拐劈掛下壓敵械，左拐劈蓋敵之上盤。

圖3-91

圖 3-92

成左弓步與雙拐前撩要同時進行，成右弓步與右拐右前劈壓、左拐右前劈蓋要同時完成。

46.遙指北斗

上體稍左轉，左腳向前上步，腳尖著地，右腿屈膝，重心下沉成左虛點步。同時，右手握拐，使拐尖由右向右前上方直臂插舉；左手握拐，屈肘下降至體前，拐尖向右前。目視右拐。（圖 3-93）

圖 3-93

【用途及要點】敵持械攻我中、上盤，我用左拐向右下壓按敵械，右拐插戳敵上盤。轉體、上步、左拐下

壓、右拐前上插戳要同時完成。

收　勢

（1）兩手鬆握拐把，屈肘舉於兩肩前，使雙拐尖自然向左、向下垂落。目視左手。（圖 3-94）

（2）右腳向左腳併步。兩手握緊小把下沉，兩臂自然伸直垂於體側，雙拐貼臂，拐尖均向上。目視前方。（圖 3-95）

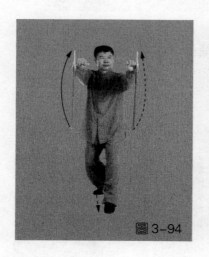
圖 3-94

圖 3-95

第四章

迷蹤拳拂塵劍

　　迷蹤拳拂塵劍分為一、二、三路，第一路為春風拂柳，第二路為青萍浮流，第三路為彩蝶穿花。本套為第一路。拂塵劍為迷蹤拳雙異器械之一，演練時要求剛柔相濟，快慢相兼，節奏分明，身活步靈。其結構嚴謹縝密，布局合理大方，體現了瀟灑飄逸、形神兼備、連綿不斷、協調圓活的特點。

　　劍主要技法有點、掛、劈、抹、雲、挑、撩、崩、刺、截、斬、穿、架等等。

　　拂塵主要技法有撩、掃、撣、劈、甩、撒、鉸、纏、抽、帶、捋、繞等等。

動作名稱

動作圖解

預備勢

兩腳併步站立。左手反握拂塵下把及劍柄，下垂於左腿外側，使拂塵、劍貼於左臂後，雙柄向下，拂塵、劍尖向上；右臂自然下垂，五指併攏，貼靠於右腿外側。目視前方。（圖4-1）

圖 4-1

圖 4-2　　　　　　　　　　　圖 4-3

第 一 段

1. 白鶴亮翅

左腳前上一步，腳尖點地，雙腿屈膝，成左虛步。右掌成劍指，向前直臂伸出，手心向上；同時，左手反握劍和拂塵柄，直臂後擺，手心斜向後上，頭向左擺。目視左方。（圖 4-2）

【用途及要點】左腳上步、右指前伸、左臂後舉要同時完成。

2. 雙龍吐珠

重心前移左腿，右腳向右前上步，上體隨之稍右轉，右腿屈膝，左腿自然伸直，成右弓步。同時，左手握拂塵、劍柄，向右前直臂伸出；右手於前及時接握拂塵、劍柄，左手順勢握正拂塵柄。目視雙手。（圖 4-3）

【用途及要點】
交接雙柄要快穩敏
捷，雙手正握雙柄要
牢固。

3.金雞點頭

（1）身體左轉，
左腿屈膝成左弓步。
同時，左手持拂塵，
經上向前劈蓋；右劍

圖4-4

直臂舉於右後上方。目視拂塵。（圖4-4）

（2）右腳向左腳內側落地，雙腿屈膝下蹲。同時，左
佛塵由前向下經身體左側向後弧形繞掃；右劍由後向上、
向前直臂畫弧點劍。目視劍尖。（圖4-5）

【用途及要點】拂塵蓋劈敵頭、肩，右劍劈點敵腕、
肘部位。點劍時要蘊藏內力，力在劍尖。轉體、上步、拂
塵劈掛、右劍劈點要同時完成。

圖4-5

圖 4-6

圖 4-7

4.撥雲見日

（1）右腿後退一步，身體隨之右後轉，右腿屈膝，左腿伸直，成右弓步。同時，右手握劍，隨體轉，經上向前斜劈；左佛塵畫弧上舉至左後上方。目視右劍。（圖4-6）

（2）右手持劍，屈肘下降於身體右側，使右劍平置於右腹前；左佛塵由後上向前劈撒。目視拂塵。（圖4-7）

（3）身體左轉，右腿直立支撐，左腿屈膝提起，腳面繃平，腳尖向下，成右獨立步。同時，右手持劍，使劍尖由前下向右前上方直臂斜刺；左拂塵向下經身體左側向後反撩。目視劍尖。（圖4-8）

圖4-8

【用途及要點】敵從身後攻我，我速轉體，用右劍劈敵，敵退逃或左右躲閃，我用左拂塵劈蓋之。左佛塵撥帶敵械，右劍刺敵上盤。轉體、劈劍、拂塵蓋劈要同時進行。右獨立步、刺劍、拂塵左下斜掃要協調一致。

5.鷂子穿林

（1）右腳碾地，身體左轉，左腳向體前落地，左腿屈膝，右腿伸直。同時，左手持拂塵，由左後經前畫弧斜掃至右肩外；右手持劍，使劍尖稍向下降。目視劍尖。（圖4-9）

圖4-9

（2）右腳前上一步，屈膝半蹲，左腿伸直，成右弓步。同時，左拂塵由右向上、斜向左下掃掛；右劍由右後向上、向前畫弧劈劍，劍刃朝下。目視劍身。（圖4-10）

（3）兩腳碾地，使身體左轉180°，左腿屈膝成左弓步。同時，左拂塵繼續前上撩擊；右手持劍，隨體轉使劍尖向前、向上、向下立圓一周，平置於身體右側，劍尖朝前。目視拂塵。（圖4-11）

（4）重心後移右腿，身體繼續左轉，左腿隨體轉屈膝左上提，腳尖向下。同時，左拂塵由左向上屈肘橫架於頭頂上方；右手持劍，使劍尖向右直臂刺出。目視劍尖。（圖4-12）

圖4-12

【用途及要點】拂塵劈纏繞帶敵械，劍劈敵身。敵從身後攻我，拂塵上撩敵械，劍刺敵中盤。轉體、上步、拂塵前劈左後掃掛、右劍前劈同時進行。提膝、拂塵上架、劍平刺要同時完成。

6.蘇秦背劍

（1）身體左轉，左腳向體前落地，左腿屈膝。兩手持械，使拂塵、劍平擺於右側。目視劍尖。（圖4-13）

圖4-13

（2）右腳前擺，左腳蹬地跳起，懸空中身體左轉 90°。雙手持拂塵、劍，隨體轉繼續左前畫弧。目視拂塵。（圖 4-14）

圖 4-14

（3）右腳先落地，左腳向右後插落，兩腿交叉屈膝下蹲，成歇步。右手持劍，由前經上向右後劈落；左拂塵向上、向右橫架於頭頂上方。目視劍身。（圖 4-15）

【用途及要點】雙械隨身體跳轉掃擊多方之敵。拂塵前架敵械，劍右劈敵身。跳步時要高要遠，歇步時兩腿要夾緊。後劈劍要快速有力，力在劍鋒，劈劍時身體要右轉左傾。歇步、劈劍、拂塵上架要同時完成。

圖 4-15

7.仙人托衣

（1）身體上起。雙手持拂塵、劍，擺於身體右側。目視劍尖。（圖4-16）

圖4-16

（2）兩腳用力碾地，使身體左轉270°，左腿屈膝，右腿自然伸直。兩手持拂塵、劍，隨體轉使拂塵、劍向左平掃至體前。目視拂塵。（圖4-17）

【用途及要點】敵持械從左、後、右三方攻我，我用拂塵掃纏畫帶敵械，右劍平抹敵身。轉體時要步活身穩，沉腰擰胯，雙械平掃要平、要圓，快速有力。

8.金蟬戲浪

（1）右腳前上一步，右腿屈膝，左腿伸直。左手持拂

圖4-17

塵，由前向下、向
左後經上向前立圓
繞行；右手持劍，
使劍尖由前向下經
身體左側向後弧形
掛劍。目視拂塵。
（圖4-18）

圖4-18

（2）左拂塵
由前向下、向右後
畫弧；右劍由左後
向上、向前弧形繞
環掛劍。目隨視拂
塵。（圖4-19）

圖4-19

（3）左拂塵
由後繼續向上、向
前畫弧；右劍由前
向下經身體右側向
後畫弧掛劍。目視
拂塵。（圖4-
20）

（4）左腿屈
膝前上提，左腳腕
搭於右膝上方，右
腿隨即屈膝。同
時，左臂屈肘於胸
前，左手擺於右腋

圖4-20

下，使拂塵由前平掃至右腋後；右劍由後經上向前直臂弧形繞劈。目視劍身。（圖4-21）

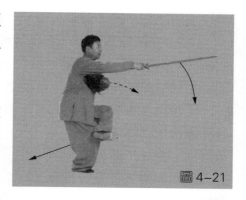

圖4-21

【用途及要點】敵持械攻我右前方，我用拂塵向右後纏帶敵械，右劍劈敵身。敵持械攻我左前方，我用劍脊向右後沾帶撥掛敵械，拂塵抽蓋敵上盤。雙械左右劈掛要貼近身體，立圓繞行要圓、要快，幅度要大。彎腿平衡與右劈劍、拂塵後撩要協調一致。

第二段

9.老君護爐

（1）左腳經右腳內側向後落地，身體隨之左轉180°，左腿屈膝。同時，雙手持械，隨體轉使拂塵、劍斜擺於右後，劍尖向右後下方。目視劍尖。（圖4-22）

圖4-22

（2）雙手持械，使拂塵、劍由右後向左前上方畫弧撩擊。同時，右腳向前快速彈

踢，上體隨之左轉。目視右劍。（圖 4-23）

　　（3）左腿屈膝全蹲，右腿落地平鋪伸直，成右仆步。同時，右手持劍，使右劍尖向左、向下經體前向右反臂穿劍；左拂塵順勢向左畫弧。目視劍尖。（圖 4-24）

　　【用途及要點】拂塵向左上撩帶敵械，劍撩敵身，同時腳踢敵襠、腹部位。

敵退逃，我仆步貼近敵身，用劍穿刺敵下盤。雙械前上撩擊與右腳彈踢要同時進行。仆步與右劍反臂穿刺、拂塵左向畫弧要協調一致。

圖 4-23

圖 4-24

10.畫龍點睛

（1）身體上起，右腿屈膝半蹲，左腿自然伸直，成右弓步。右手持劍，臂外旋屈肘回收，以腕關節為軸，使劍尖由身前向上、向右、向下、向左畫一小圓後快速向右前刺出；左拂塵由左下直臂舉至左上方。目視劍尖。（圖4-25）

圖4-25

（2）身體左轉，右腿屈膝半蹲，左腳向後插步，左腿伸直。同時，右手握劍，隨體轉使劍尖向下、向前直臂刺出；左臂屈肘於胸前，使拂塵由前斜擺至右肩上。目視劍尖。（圖4-26）

圖4-26

【用途及要點】右劍纏攪敵械後，快速刺向敵中盤。敵從身後攻我，我速轉體，用拂塵掃掛敵械，劍刺敵身。攪劍時要鬆肩活腕，劍花不宜太大，要圓、要快。刺劍時要直臂前送，快速有力，力達劍尖。左腳後插、拂塵右掃與前刺劍要協調一致。

11.葉裡藏花

（1）右腳後退一步，身體隨之右後轉，右腿屈膝。同時，右手持劍，隨體轉使劍經上向前畫弧；左手持拂塵，由右向左下畫弧平擺。目視劍尖。（圖4-27）

（2）右劍由前向下經身體左側向後畫弧掛劍；左拂塵由左後向上、向前弧形劈塵。目視拂塵。（圖4-28）

【用途及要點】敵持械攻我中盤，我用劍脊撥掛敵

圖4-27

圖4-28

械，拂塵劈蓋敵上
盤。退步要快，轉
體要疾，劈劍要快
速有力。轉體、掛
劍、劈拂塵要同時
完成。

圖4-29

12.遍灑金錢

右劍由後向前
上直臂撩起；左拂塵由前向下經身體左側向後反撩。同
時，左腳向前快速彈踢。目視劍身。（圖4-29）

【用途及要點】劍撩、腳彈前方之敵，拂塵反撩身後
敵之下盤。左腳前踢時，左腿先屈膝提起，腳面繃平，然
後再向前快速彈踢，力達腳尖。前撩劍、後撩拂塵與左腿
彈踢要同時完成。

13.王母獻桃

（1）左腳體
前落地，左腿屈
膝。兩手持械，使
拂塵、劍經前向
上、向右後下方畫
弧。目視右劍尖。
（圖4-30）

（2）兩手持
拂塵、劍，同時向

圖4-30

下經身體右側向前上撩起。
同時，右腳向前彈踢。目視
劍尖。（圖4-31）

【用途及要點】雙械同
時反劈身後之敵，撩擊前方
之敵。右腳彈擊敵中盤。雙
械右後反劈時，上體稍右
轉。雙拐前撩、右腳前彈時
上體稍左轉。

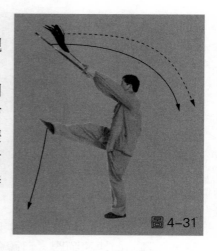
圖4-31

14. 青龍回首

（1）右腳體前落步，身體隨之左轉，左腿屈膝，右腿
伸直。左拂塵、右劍隨體轉依次經上向左畫弧。目視右
劍。（圖4-32）

（2）重心後移，右腿屈膝半蹲，左腳向後插步，左腿
挺膝伸直，腳掌著地。兩手持械，使拂塵、劍由前同時向
下經右腿外側向後反撩，右臂伸直，左臂屈肘於胸前。目
視劍身。（圖4-33）

【用途及要點】敵
持械從前方攻我中盤，
我用拂塵向左纏帶敵
械，劍劈敵上盤。雙械
同時撩擊身後之敵。上
體左轉與雙械左劈同時
進行。左插步與雙械後
撩要同時完成。

圖4-32

圖4-33

15.雲中獻身

（1）以左腳掌、右腳跟為軸碾地，使身體左轉 180°，雙腿屈膝。雙手持械，隨體轉使拂塵、劍向左經後平雲至右前上方。目視劍尖。（圖4-34）

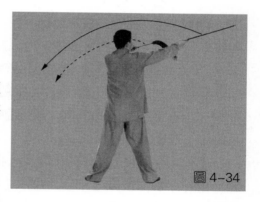

圖4-34

（2）身體繼續左轉，左腿屈膝半蹲，右腿伸直，成左弓步。同時，雙手持械，使拂塵、劍隨體轉平掃至體前。目視拂塵。（圖4-35）

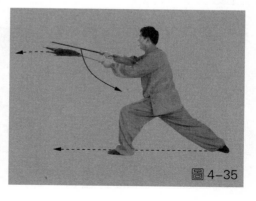

圖4-35

【用途及要點】雙械
雲繞為撥攔畫架上方敵之
來械，雙械平掃敵之中
盤。轉體時雙腳托身要穩
要快，拂塵、劍頭上雲繞
時要平、要圓。

圖4-36

16.夜叉探海

（1）右腳前上一
步，右腿屈膝。同時，右手持劍，屈肘回收至右腰側，劍尖
向前；左手持拂塵，直臂前伸。目視拂塵。（圖4-36）

（2）右腿屈膝支撐，左腿屈膝後擺，上體隨之前俯，
左腳掌朝上，成探海平衡。右手持劍，由右腰側向前直臂
平刺；左手持拂塵，由前向下經身體左側向後反撩。目視
劍尖。（圖4-37）

【用途及要點】敵分前後攻我，我劍刺前敵之中盤，拂
塵、左腳撩擊身後敵之中、下盤。右劍前刺要快速有力。
左腿後撩、右劍前刺，上體前俯與拂塵後撩要同時完成。

圖4-37

第 三 段

17.白蛇吐信

（1）左腳於體後落地，身體隨之左轉，兩腿屈膝。左手持拂塵，隨體轉直臂左上舉；右手持劍，使劍尖向下、向左屈肘畫弧繞擺，劍尖向左。目視拂塵。（圖4-38）

（2）上體繼續左轉，左腿屈膝半蹲，右腿挺膝伸直，成左弓步。右手持劍，使劍尖由右腰側向前直臂刺出；左手持拂塵，由前向下經身體左側向後反撩。目視劍尖。（圖4-39）

圖4-38

【用途及要點】敵持械從身後攻我，我速轉體，用拂塵向左下纏帶敵械，劍刺敵中盤。右劍繞藏、拂塵前上舉與轉體同時進行。左弓步與前刺劍、拂塵後撩要協調一致。

圖4-39

18.龍鳳點頭

（1）左腳尖外展。右手持劍，以腕關節為軸，使右劍於身前按順時針畫一小圓；左手持拂塵，使拂塵於身後按逆時針畫一小圓。目視劍尖。（圖4-40）

（2）右腳碾地，右腿屈膝提起前擺，腳掌著地，兩腿屈膝。同時，右手持劍，使劍尖於體前繼續按順時針方向畫一小圓；左手持拂塵，於身後按逆時針方向畫一小圓。目視劍尖。（圖4-41）

圖4-40

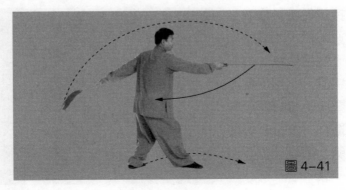

圖4-41

（3）左腳用力碾地後左腿屈膝提起前擺，腳掌著地，兩腿屈膝。右手持劍，屈肘後收於右腰側，劍身平置，劍尖朝前；左手持拂塵，由後向上、向前畫弧蓋劈。目視拂塵。（圖4-42）

【用途及要點】雙械前後擺動為伺機乘敵。右劍於體前沾靠撥掛敵械，拂塵於身後纏繞敵之來械。行步時，一腳屈膝托身，另一腳用力碾地後用彈力使腿屈膝上提，前擺落地時，兩腿仍屈膝。前行時，步幅均勻，上體平穩，行走為弧行，但區別於弧行步，一腳前落與雙械前後同絞。

19. 樵夫問路

（1）右腳前上一步，屈膝半蹲，左腿伸直，成右弓步。同時，右手持劍，使右劍尖由右向前直臂刺出；左手持拂塵，屈肘後收上舉，使拂塵橫架於頭頂上方。目視劍尖。（圖4-43）

圖4-42

圖4-43

（2）兩腳碾地，使身體左後轉，右腿屈膝，左腳後移，腳尖著地，成左虛步。右手持劍，屈肘舉至頭右上方，使劍尖向下隨體轉向前上繞弧形豁挑，劍身直立於右上方，劍尖朝上；左手持拂塵，向前劈撒。目視拂塵。（圖4-44）

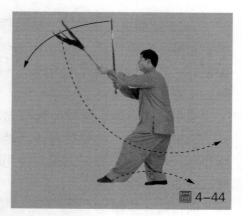

圖4-44

【用途及要點】敵持械攻我上盤，我用拂塵上架敵械，劍刺敵身。敵從身後攻我，我速轉體，用劍豁挑敵身，拂塵劈蓋敵上盤。右弓步、刺劍、拂塵上架同時進行。左虛步、挑劍與拂塵前劈要協調一致。

20.挑掛連環

（1）重心後移，左腳後退一步，前腳掌著地，兩腿屈膝。左手持拂塵，使拂塵由前向下經身體左側向後反撩；同時，右手持劍，由上向前畫弧劈劍。目視劍身。（圖4-45）

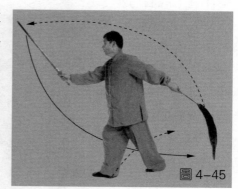

圖4-45

（2）右腿屈膝後提。右手持劍，使劍尖由前向下經身體右側向後畫弧掛劍；左手持拂塵，由後向上、向前弧形繞行。目視拂塵。（圖4-46）

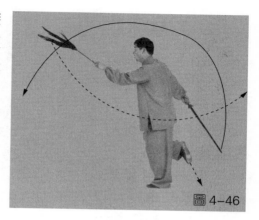

圖4-46

（3）右腳於身後落地，右腿挺膝伸直，左腿屈膝半蹲，成左弓步。同時，右劍由後下向上、向前下弧形繞環劈劍；左手持拂塵，使拂塵由前向下經身體左側向後畫弧反撩。目視劍尖。（圖4-47）

【用途及要點】拂塵左帶敵械，劍劈敵上盤，右劍右掛敵械，拂塵劈蓋敵面。雙械撥掛左右敵之來械，反撩身後之敵。雙械前劈、左右撥掛時要貼近身體，幅度要大。立圓繞行時要圓、要快。

圖4-47

21.墨燕點水

圖 4-48

（1）右腳尖外
展，身體隨之右轉
180°，右腿屈膝，左
腿伸直。雙手持械，
隨體轉使拂塵、劍平
掃至體前。目視劍
身。（圖 4-48）

（2）身體繼續右轉，左腳向右腳內圈落，腳尖著地，
兩腿屈膝下蹲，成左丁步。同時，右手握劍，隨體轉使劍
尖經上向右直臂畫弧屈腕點劍；左手持拂塵，向上、向右
屈肘舉於頭左上方，使拂塵斜架於頭頂上方，拂塵前端略
高於柄端。目視劍尖。（圖 4-49）

【用途及要點】敵持械從後方攻我，我佯裝退逃，待
敵近，我猛轉身，用拂塵上架敵械，劍劈敵身。轉體圈步
要快，劈點劍力在劍尖。左腳上步、劈點劍、拂塵上架要
同時完成。

22.巧摘魁星

圖 4-49

（1）身體稍上
起左轉。左手持拂
塵，向上、向前畫
弧；右手持劍，隨體
轉使劍由後向下經身
體右側稍向前穿，右

臂屈肘於體側，左臂伸直。目視拂塵。（圖4-50）

（2）左腳前上一步，左腿屈膝半蹲，右腿伸直，成左弓步。同時，右手持劍，使劍尖由右腰側向前直臂刺出；左拂塵由前向左、斜向後下繞掃。目視劍尖。（圖4-51）

【用途及要點】敵持械攻我左上方，我用拂塵向左下掃掛敵械，劍刺敵上盤。左腳上步、刺劍、拂塵左下掃要同時完成。

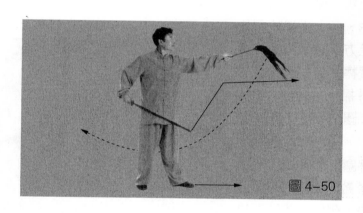

圖4-50

圖4-51

第 四 段

23.雁落平沙

圖 4-52

上體右轉，左腿屈膝全蹲，右腿伸直平鋪，成右仆步。左手持拂塵，屈肘左前上舉，使拂塵由後向左、向上橫架於頭頂上方；右手持劍，隨體轉使劍由前向右下斜掃。目視劍身。（圖4-52）

【用途及要點】拂塵上架敵械，劍斜掃敵下盤。仆步要快，雙械隨體轉而快速掃架。仆步掃劍時

圖 4-53

右劍與右腿平行，上體稍右轉前傾。右仆步與右掃劍、拂塵上架要同時完成。

24.迎風撩塵

（1）身體上起，右腿屈膝，左腿伸直。兩手持械，使拂塵、劍同時經上向左下畫弧。左臂伸直，右臂屈肘於胸前。目視拂塵。（圖 4-53）

圖4-54

（2）上體右轉，左腳向前上一步，左腿屈膝，右腿伸直，成左弓步。同時，右手持劍，左手持拂塵，依次向下經身體左側向前、向上撩起。目視劍刃。（圖4-54）

【用途及要點】敵從前方持械攻我，我用右劍上撩敵械，拂塵撩敵身。轉體、上步，雙械前撩要同時完成。

25.玉女穿梭

（1）右腳向左腳前蓋步，腳尖外展，兩腿屈膝交叉。右手持劍，使劍尖由前向下、向後立繞，右臂隨之稍向下降；左手持拂塵，使拂塵由前向下經身體左側向後畫弧。目視劍尖。（圖4-55）

圖4-55

（2）兩腿屈
膝下蹲，成歇步。
同時，右手持劍，
使劍尖由前經身體
左側向後插穿；左
手持拂塵，由後向
上、向前畫弧劈
蓋。目視拂塵。
（圖 4-56）

圖 4-56

【用途及要點】

右劍斜插前敵中、上盤，拂塵反撩身後之敵。敵分前後攻
我，我用拂塵劈蓋前敵之上盤，右劍偷刺身後之敵。後刺
劍時上體左擰右傾，歇步時，兩腿夾緊，右腳尖外展，左
腳跟離地。歇步、刺劍、拂塵前劈要協調一致。

26.三戲牡丹

（1）身體上
起。左手持拂塵，
由前向下經身體右
側向後畫弧繞掃；
右手持劍，使劍尖
由左後向上、向前
弧形繞環掛劍。目
視劍尖。（圖 4-
57）

圖 4-57

（2）左腳向前上步，左腿屈膝半蹲成左弓步。同時，左拂塵由右後向上、向前畫弧蓋劈；右手持劍，使劍尖由前向下經身體右側向後畫弧掛劍。目視拂塵。（圖4-58）

（3）左手持拂塵，由前向下經身體右側向後畫弧繞掃；同時，右手持劍，使劍尖由右後向上、向前弧形繞環掛劍。目視劍尖。（圖4-59）

圖4-58

圖4-59

（4）右腿向前上步屈膝。右手持劍，使劍尖由前向下
經身體左側向後弧形繞環掛劍；左手持拂塵，由右後向
上、向前直臂畫弧劈蓋。目視拂塵。（圖4-60）

（5）右手持劍，使劍尖由左後向上、向前直臂弧形繞
環掛劍；左手持拂塵，由前向下經身體左側向後畫弧。目
視劍尖。（圖4-61）

圖4-60

圖4-61

（6）右手持劍，使劍尖由前向下經身體左側向後弧形繞環掛劍；左手持拂塵，由後向上、向前畫弧。目視拂塵。（圖4-62）

（7）左腳向前上步，左腿屈膝成左弓步。同時，左拂塵由前向下經身體右側向後弧形繞掃；右手持劍，使劍尖由左後向上、向前畫弧掛劍。目視劍尖。（圖4-63）

圖4-62

圖4-63

圖4-64

（8）左拂塵由右後向上、向前直臂畫弧；同時，右手持劍，使劍尖由前向下經身體右側向後畫弧掛劍。目視拂塵。（圖4-64）

（9）左手持拂塵，由前向右平掃至體側；同時，右手持劍，由後向上、向前、向左平掃至體側，兩臂交叉環抱，雙肘平屈。目視拂塵。（圖4-65）

【用途及要點】敵持械攻我左前方，我用劍脊左掛敵械，拂塵劈蓋敵上盤。敵持械攻我右前方，我用拂塵向右後纏帶敵械，劍劈敵身。雙械亦可反撩身後之敵，撥掛左右敵之來械。雙械左右立圓繞行時，臂要伸直，盡量放大幅度。全動作要連貫協調，一氣呵成。

圖4-65

27.一葦渡江

右手持劍，使拂
塵、劍分別向前、向下
經兩腿外側向後弧形斜
擺。同時，右腳向前快
速彈踢。目視右腳尖。
（圖 4-66）

圖 4-66

【用途及要點】雙
械同時剪鉸前方之敵，斜向抹、掃身後之敵，右腳彈擊敵
中盤。雙械向後斜掃抹與右腳彈踢同時完成。

28.犀牛望月

（1）右腳向體前落地，腳尖內扣，右腿屈膝。雙手持
械，使拂塵、劍由身後下方同時向上、向前弧形繞環至左
前下方。目視雙械。（圖 4-67）

（2）身體左轉 180°，左腿屈膝成左弓步。雙手持

圖 4-67

械，隨體轉使拂塵、劍經上向前直臂畫弧。目視劍身。
（圖4-68）

　　（3）重心後移，左腳向右後插步，左腿伸直，腳掌著
地；右腳尖外展，右腿屈膝半蹲。同時，右手持劍，使劍
尖由前向下經身體右側向右後反撩；左手持拂塵，直臂左
前上舉，使拂塵由左下舉至左前上方。目視拂塵。（圖4-
69）

　　【用途及要點】雙械劈掛左前之敵，反撩身後之敵。
轉體、雙械前擺要同時進行。左腳後插與右劍右後反撩、
拂塵左前上舉要同時完成。

圖4-68

圖4-69

29.螳螂捕蟬

（1）兩腳碾地，使身體左轉180°，左腿屈膝，右腿伸直，成左弓步。同時，左手持拂塵，隨體轉經上向前劈蓋；右手持

圖4-70

劍，使劍向左平抹至右腰側。目視拂塵。（圖4-70）

（2）右腳前上一步，右腿屈膝半蹲，左腿伸直成右弓步。同時，右手持劍，使劍尖向右前下方直臂刺出；左手持拂塵，由前向左、向後平掃至體後。目視劍尖。（圖4-71）

【用途及要點】敵持械攻我後方，我速轉體，用拂塵纏捋左帶敵械，劍刺敵中下盤。兩腳用力碾地，使上體快速向左翻轉，前下刺劍要快速有力，力達劍尖。右弓步與前刺劍、拂塵左後掃要協調一致。

圖4-71

30. 韋佗攔路

重心後移，上體
隨之稍左轉，右腿屈
膝後上提，腳面繃
平，腳尖向下，成左
獨立步。同時，雙手
持械，使拂塵、劍於
體側同時向上崩起，
右劍起直立於體右
前，左拂塵於體左後
豎立。目視劍尖。（圖4-72）

圖4-72

【用途及要點】雙械向上崩挑為攔擋前後敵械之掃擊。
豁挑左後、右前敵之襠、腹部位。左腳站立托身要穩固，
上體保持中正立直。雙械上崩時，兩臂伸直，雙腕用力上
挑，使雙械快速向上崩起。

第 五 段

31. 仙姑挑籃

（1）左腳碾地，身體
左轉。右手持劍，隨體轉使
劍向左平掃至體前；左拂塵
於體前不動。目視拂塵。
（圖4-73）
（2）右腳向左腳內側

圖4-73

落步，腳掌著地，兩膝微屈。兩手持械，使拂塵、劍由前向左平掃。目視劍身。（圖4-74）

（3）兩腿屈膝下蹲。兩手持械，使拂塵、劍由左經前向右平掃。目視劍身。（圖4-75）

【用途及要點】雙械同時掃擊左方之敵，平抹前、右方之敵。右腳上步與雙械左掃同時進行。兩腿下蹲與雙械右抹要協調一致。

32.采和藏蕭

（1）身體上起，右腳向前上步，身體隨之左轉180°；左腿屈膝，右腿伸直。雙手持械，隨體轉使拂塵、劍平掃至左前。目視拂塵。（圖4-76）

（2）左腳向後偷

步，身體繼續左轉 180°。雙械隨體向左轉掃，左拂塵掃至體左後。右劍掃至體前。目視劍身。（圖 4-77）

（3）左腳尖外展，屈膝半蹲，右腳跟離地。同時，右手持劍，使劍尖由前向後經身體左側向後插穿；左手持拂塵，由後向左、向前上斜掃。目視劍尖。（圖 4-78）

【用途及要點】眾敵從四方攻我，我用拂塵向外撥掛敵械，劍抹掃敵中盤。敵從前後攻我，我用拂塵掃前敵上盤，右劍於左腰下暗出刺敵中盤。左後插穿劍時，上體要

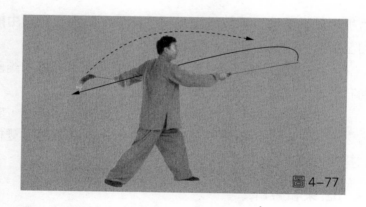

圖 4-77

圖 4-78

左轉右傾。轉體、掃拂塵、穿插劍同時完成。

33.野馬分鬃

（1）右腳向前上步，腳尖內扣。雙手持械，使拂塵、劍由前斜向上交叉舉架。目視雙械交叉處。（圖4-79）

（2）上體左轉，左腳向右後插步，兩腿屈膝交叉。同時，兩手持械，使拂塵、劍由上斜向前交錯掃至體側。兩臂交叉環抱，雙肘平屈，右臂在上。目視拂塵。（圖4-80）

圖4-79

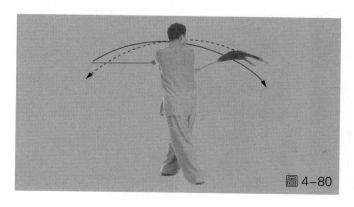

圖4-80

（3）兩腿屈膝下蹲，成歇步。同時，雙手持械，使拂塵、劍分別向前、向體側平掃。目視劍尖。（圖4-81）

【用途及要點】雙械同時抱剪前敵之身、械，平掃左右之敵，上架敵之來械。左腳後插與雙臂平抱同時進行。歇步與雙械平掃同時完成。

34.蒼龍飲江

（1）身體上起左轉270°，左腿向前上半步屈膝，右腿伸直。雙手持械，隨體轉使拂塵掃至左腰後，右劍向左平掃至體前。目視劍刃。（圖4-82）

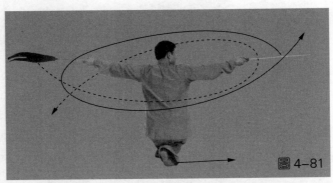

圖4-81

圖4-82

（2）右腿向前上一步，屈膝。同時，右手持劍，使劍尖由前向下經身體左側向後畫弧掛劍；左手持拂塵，由左後向上、向前直臂畫弧。目視拂塵。（圖4-83）

圖4-83

（3）左手持拂塵，由前向下經身體右側向後畫弧；同時，右手持劍，使劍尖由左後向上、向前弧形繞環掛劍。目視劍尖。（圖4-84）

圖4-84

（4）左拂塵由右後向上、向前直臂畫弧；同時，右手持劍，使劍尖由前向下經身體右側向後弧形繞環掛劍。目視拂塵。（圖4-85）

圖4-85

（5）左腿屈膝上
提，左腳面扣於右膝後
側，右腿隨即屈膝。同
時，左手持拂塵，由前
向右、向後畫弧至右腋
後；右手持劍，由右後
向上、向前直臂畫弧劈
劍。目視劍身。（圖
4-86）

圖4-86

【用途及要點】敵持械攻我左前側，用劍左掛敵械，
拂塵劈敵上盤，敵持械攻我右前側，我用拂塵右纏敵械，
劍劈敵身。扣膝步與右劍前劈、拂塵右掃要同時完成。

35.落地盤花

（1）身體上起左腳向前落步，腳尖內扣，身體右轉
180°。兩手持械，使拂塵、劍隨體轉掃至身體右側。目視
劍身。（圖4-87）

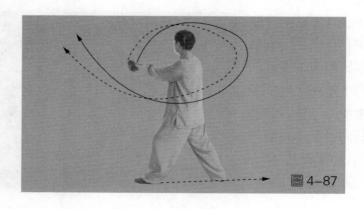

圖4-87

（2）右腳向後退一步，左腿屈膝。兩手持械，使拂塵、劍由右向上經後向左、向前平雲後，屈肘，拂塵和劍於體前交叉。目視雙械交叉處。（圖4-88）

（3）左腳後退半步，兩腿交叉屈膝下蹲，成歇步。兩手持械，使拂塵、劍分別向前、向體側平掃。目視拂塵。（圖4-89）

【用途及要點】雙械雲撥上架敵械。雙械同時掃擊左右側之敵。雙械頭上平繞要平、要圓、要快。兩腿下蹲與雙械平掃要同時完成。

圖4-88

圖4-89

第六段

36.太公釣魚

（1）身體上起，左腿前上一步，屈膝成左弓步。同時，左手持拂塵，由左向右、向上、向前揮擊；右手持劍，直臂

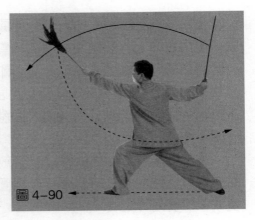

圖 4-90

後上舉，使劍斜擺於身後，劍尖斜向後上。目視拂塵。（圖 4-90）

（2）右腳向前上一步，右腿屈膝。右手持劍，由右後經上向前直臂畫弧劈劍；左手持拂塵，由前向下經身體左側向後斜掃。目視劍刃。（圖 4-91）

（3）身體左後轉，左腿屈膝，右腿自然伸直。右手持劍，隨體轉使劍於身體右側向前、向上、向下立圓一周；

圖 4-91

左手持拂塵，直臂前擺。目視拂塵。（圖4-92）

（4）上體繼續左轉，右腿直立，左腿屈膝提起，腳尖朝下。同時，右手持劍，向右上方撩起；左手持拂塵，隨體轉屈肘上架於頭頂上方。目視劍刃。（圖4-93）

【用途及要點】拂塵左掛敵械，劍劈敵身。拂塵上架敵械，劍挑敵襠、腹部位。右獨立步與拂塵上架、劍前劈同時完成。

圖4-92

圖4-93

37.八仙過海

（1）身體左
轉，左腳向前落
地，左腿屈膝半
蹲，右腿伸直，成
左弓步。左手持拂
塵，由上向前、向
右斜掃至右腋後，

圖4-94

左臂屈肘於胸前，左手擺於右腋下；右手持劍，由右經前
上、向右前畫弧劈劍。目視劍刃。（圖4-94）

（2）左腿直立，右腳向前上方快速彈踢。左手持拂
塵，隨右腳前踢向前、向上撩拂塵；同時，右手持劍，由前
向下經身體右側向後直臂反撩。目視拂塵。（圖4-95）

【用途及要點】拂塵右纏甩帶敵械，劍劈敵身。拂塵前
撩敵械，腳踢敵襠、腹，同時，右劍反撩敵下盤。左腳上步
與雙械前劈同時進行。彈踢、撩拂塵、後撩劍要協調一致。

圖4-95

38. 白馬翻蹄

右腳於體前落地，右腿屈膝支撐，左腿屈膝後擺，腳掌朝上，上體前俯，成探海平衡勢。同時，右手持劍，使劍尖由後向下經體右側向前直臂刺劍；左手持拂塵，由前向下經身體左側向後反撩。目視劍尖。（圖4-96）

圖4-96

【用途及要點】劍刺前方之敵，腳踢、拂塵反撩身後之敵。後撩腳要快速有力，力在腳跟。身體前俯、後撩腳、刺劍與撩拂塵同時完成。

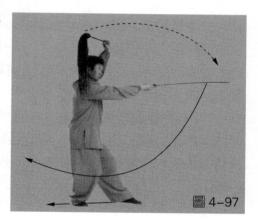

圖4-97

39. 彎弓射虎

左腳於體後落地，身體隨之左後轉，右腿屈膝半蹲，左腳尖虛點地面，成左虛步。左手持拂塵，隨體轉屈肘上架於頭頂上方；右手持劍，隨體轉使劍尖向前直臂刺出。目視劍尖。（圖4-97）

【用途及要點】
拂塵上架敵械，右劍
刺敵中盤。左虛步、
拂塵上架、刺劍要協
調一致。

40.倒踏七星

（1）左腳後退
一步，兩膝微屈。同
時，左手持拂塵，由
上向前劈落；右手持

圖4-98

劍，使劍尖由前向下經身體右側向後畫弧掛劍。目視拂
塵。（圖4-98）

（2）右腳後退一步伸直，左腿屈膝半蹲，成左弓步。
同時，右手持劍，由後向上、向前弧形繞環劈劍；左手持
拂塵，由前向下經身體左側向後掃拂塵。目視劍刃。（圖
4-99）

【用途及要點】
拂塵左掛敵械，劍劈
敵身。劍脊右掛敵
械，拂塵劈蓋敵上
盤。雙腳退步要輕、
快、穩，雙械隨雙腳
退步而左、右劈掛。

圖4-99

41.國老趕驢

（1）兩腳用力碾地，使身體右轉 180°，右腿屈膝半蹲，左腿伸直，成右弓步。同時，右手持劍，隨體轉向上、向右、向前劈劍後，繼續

圖4-100

向下經身體右側向後弧形繞環掛劍；左手持拂塵，由左後向上、向前揮劈。目視拂塵。（圖 4-100）

（2）左腳向前上一步，左腿屈膝半蹲，右腿伸直，成左弓步。同時，右手持劍，由後向上、向前弧形繞環劈劍；左手持拂塵，由前向右、向後平掃至右腋後。目視劍刃。（圖 4-101）

【用途及要點】右劍外掛敵械，拂塵劈敵上盤。敵退逃，我上步用右劍追劈之，同時拂塵撩擊身後之敵。轉體、右劍劈掛與拂塵前劈同時進行。左弓步與右後掃塵、劍前劈要協調一致。

圖4-101

42. 烏雲罩月

　　身體右轉 180°，左腿直立，右腿隨體轉屈膝提起，成左獨立步。雙手持械，隨體轉使拂塵、劍向右、向上經後向左、向前平雲，繼之，拂塵向下斜掃至右腋後。右劍繼續向右、向上橫架於頭頂上方。目視左前方。（圖 4-102）

圖 4-102

　　【用途及要點】劍脊上架敵械，拂塵掃擊右側之敵。雙械頭上雲繞要圓、要平、要快，左腿支撐要穩固。提膝、架劍、掃拂塵要同時完成。

41. 順水推舟

　　右腳向右後插步，身體隨之右轉 180°，右腿屈膝半蹲，左腿伸直，成右弓步。右手持劍，隨體轉使劍由上向左、向下經體前向右平抹；左手持拂塵，於右腋下隨體轉擺動。目視劍身。（圖 4-103）

圖 4-103

　　【用途及要點】右劍隨轉體抹掃前、右方之敵。右弓步與抹劍同時完成。

44.毒蛇出洞

身體左轉180°，左腿屈膝半蹲，右腿跪離地面。同時，左手持拂塵，由後向前、向左平掃至體側；右手持劍，隨體轉當劍尖掃至體前

圖4-104

時，直臂向前平刺。目視劍尖。（圖4-104）

【用途及要點】敵持械從身後攻我，我速轉身，用拂塵左掃敵械，劍刺敵中盤。拂塵左掃要迅疾，右劍前刺快速有力，力達劍尖。左腿屈膝，右腿跪離地面與拂塵左掃、右劍前刺要協調一致。

45.雲龍在天

（1）身體上起右轉180°，右腿屈膝半蹲，左腿伸直，成右弓步。

右手持劍，隨體轉使劍向上、向前畫弧劈劍；左手持拂塵，由左後向上直臂斜舉。目視劍身。（圖4-105）

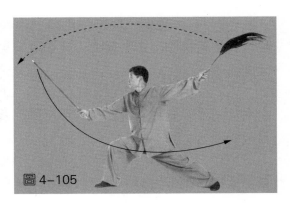

圖4-105

圖 4-106

圖 4-107

　　（2）右手持劍，使劍尖由前向下經身體右側向後撩劍；左手持拂塵，由左後上方向前直臂劈撒。目視拂塵。（圖 4-106）

　　（3）左手持拂塵，稍向右前收降；右手持劍，使劍尖由右後向下、向右前畫弧，右手於體前及時接握拂塵柄。目視雙手。（圖 4-107）

　　（4）上體左轉。右手持雙械柄，直臂舉於右前上方，使拂塵頂、劍尖向前、向上斜刺；左手成掌，屈肘下按於

左腰後，掌心斜向後下。同時，左腳向前上半步，腳尖點地，左腿伸直，右膝微屈，成左虛點步，頭向左擺。目視左方。（圖4-108）

【用途及要點】劍右掛敵械，拂塵劈敵上盤。右腿屈膝、左腳上步與拂塵、劍前上刺、左掌下按同時完成。

46.拐李上陣

圖4-108

（1）右手持械，臂內旋，屈肘下降於胸前，使拂塵、劍由右前上方向左、向下橫降於胸前，手心向內，虎口向左；左手由左下屈肘前上擺，於體前反臂接握雙械柄，手心向下，虎口向右。目視雙手。（圖4-109）

（2）左手持雙械柄，向下經體左側向後直臂反舉，雙械貼臂，右腳快速向前上彈踢，腳面繃平，右手向上、向前迎擊腳面。目視右手。（圖4-110）

圖4-109

圖4-110

【用途及要點】敵持械從前方攻
我中、下盤，我用雙械向左後撥掛敵
械，腳踢敵襠、腹、胸部位，同時右
掌劈敵頭頂。右掌拍擊腳面要清脆有
聲，拍腳時上體要保持中正立直。

圖4-111

47. 仙人指路

（1）右腳向體後落地。右掌隨
之擺至身後，掌心向後下，肘微
屈；同時，左手持雙械柄，直臂前
伸。目視左手。（圖4-111）

（2）重心後移，左腳尖虛點地面，兩腿屈膝，重心下
降成左虛步。同時，右掌由右下向後、向上弧形繞舉至頭
右上方，掌心向上；左手持雙械柄，由前向下經體側向後
直臂反舉，頭向左擺。目視左方。（圖4-112）

收　勢

右腳向左腳
併步。左手持械
柄，自然擺於左
腿外側；同時，
右劍指變掌向
下，臂垂直貼於
右腿外側。目視
前方。（圖4-
113）

圖4-112

圖4-113

第五章

迷蹤拳雙匕首

　　迷蹤拳雙匕首又名「龍鳳雙匕首」，是迷蹤拳雙器械之一。其特點是勢小、勢險、勢連，躥蹦跳躍，閃展騰挪，靈巧多變，出招怪異，直奔要害，剛猛快速，短小精悍。

　　主要技法有扎、插、畫、挫、攉、挑、晃、鎖、剪、點、鈎、抹等等。

動作名稱

預備勢
第一段
1. 金剛亮匕
2. 單鳳朝陽
3. 騰空箭彈
4. 金龜入地
5. 漢王拜將
6. 驚龍回首
7. 回頭望月
8. 披身掛匕
9. 野馬上槽
第二段
10. 踏舟息浪(左)
11. 踏舟息浪(右)
12. 鳳凰展翅
13. 龍門臥魚
14. 螳螂繞臂

15. 羅漢闖堂
16. 犀牛望月
第三段
17. 韋佗問路
18. 羅漢打虎
19. 二步趕蟾
20. 避風套月
21. 飛雁別翅
22. 太白醉酒
23. 迎風插匕
24. 跨馬勒絲
第四段
25. 烏鷥踏浪
26. 就地生風
27. 快馬加鞭
28. 勒馬穿梭
29. 跨馬穿梭

30. 雙擔鐵門
31. 大鵬護巢
32. 撥雲捧日
第五段
33. 金獸分水
34. 蒼龍擺頭(右)
35. 蒼龍擺頭(左)
36. 黑虎咬尾
37. 魚腸獻匕
38. 楚漢分疆
第六段
39. 鴛鴦比翼(左)
40. 鴛鴦比翼(右)
41. 插花蓋頂
42. 驚馬踏蹄
43. 野馬翻蹄
44. 流星趕月

動作圖解

預備勢

兩腳併步，兩臂自然下垂。左手反握雙匕柄，使匕身貼於左前臂後，匕尖朝上；右手成掌，貼靠右胯旁。目視前方。（圖5-1）

【用途及要點】併步站立時，挺胸、抬頭、下頜回收，兩肩自然放鬆，收腹、立腰。

圖5-1

第 一 段

1.金剛亮匕

（1）右掌向前直臂平舉，手心向上；左手握匕，稍屈肘上提。目視右掌。（圖5-2）

圖5-2

圖5-3　　　　　　　　　　圖5-4

（2）右掌變拳，屈肘收抱於右腰側，拳心向上；同時，左手握匕首，直臂向前撐畫，虎口朝上，匕尖向下。目視左匕首。（圖5-3）

【用途及要點】右拳後收、左匕向前撐畫要同時完成，上肢稍前傾右轉。

2.單鳳朝陽

（1）右腳前上半步碾地，使身體左轉，左腳稍前移，腳尖虛點地面。同時，左手握匕首，隨體轉向左平畫；右拳變掌，向右直臂推出，掌心向右。目視右掌。（圖5-4）

（2）右腿直立支撐，左腿屈膝提起，腳面繃平，腳尖向下，成右獨立步。同時，右掌向右、向上擺至頭頂上方，甩臂抖腕亮掌，手心斜向前上。目視前方。（圖5-5）

【用途及要點】身體左轉，左匕首左向平擺與右掌平插同時進行，左腿上提、右臂屈肘亮掌與左手慣力握匕首、頭向左擺要同時完成，右腿直立支撐要穩固，身體保持立

圖 5-5

圖 5-6

直。

3.騰空箭彈

（1）左腳體前落步，兩
腿微屈。同時，左手握匕首，
由左向後、向下斜插，匕尖向
左後下方；右掌向右、向前上
斜掛，掌心向左，掌指向前
上。目視右掌。（圖5-6）

圖 5-7

（2）右腳向前上步，兩
膝微屈。同時，左手握匕首，由後向前上畫弧崩挑，左臂
屈肘，左手略高於肩，匕尖向前；右掌向下經身體右側向
後甩撩。目視左匕首。（圖5-7）

（3）左腿屈膝前提，並快速向前上彈踢。同時，左手
握匕首，繼續向頭前上舉，手心向下，匕尖向外；右掌由
後繞弧形向前上拍擊左手背。目視雙手。（圖5-8）

圖 5-8

圖 5-9

（4）右腳蹬地跳起，在空中迅速向前上方彈踢。右手迎擊右腳面；左手握匕首，平擺於體側，匕尖向右。目視右手。（圖 5-9）

【用途及要點】左腳彈擊敵中盤，敵退，我用右腳追彈敵上盤，右掌拍擊頭頂百會穴。連續上步是雙腳箭彈的助跑動作，要快速、敏捷，上身要往前沖，使二起腳能借助快速的沖力而高躍。兩臂的前後擺動是使身體保持平衡，兩臂的擺動要與雙腳上步配合、協調。右手拍擊腳面要準確、響亮，雙腳彈踢要快速有力，力在腳尖。

4.金龜入地

左腳先落地，右腳隨之落於左腳內側，雙腿屈膝全蹲。同時，右掌向前下拍擊地面；左匕首向下、向左後斜插。目視前下方。（圖 5-10）

圖 5-10

【用途及要點】敵取低
勢攻我下盤，我用雙腳踩踏
敵腿、腳，右掌拍擊敵頭、
肩部位。雙腳落地要輕穩，
右掌拍地要用力；雙腿下
蹲、右掌拍地、左匕首左後
下插要協調一致。

圖 5-11

5. 漢王拜將

身體上起，右腿前上一
步屈膝半蹲，左腿伸直，成
右弓步。同時，左手握匕
首，由身後向前撐推，左肘
微屈；右手於體前接握一匕
柄後繼續向前推撐，雙匕尖
均向下。目視右手。（圖
5-11）

圖 5-12

【用途及要點】左拳沖
擊敵中盤。交接匕首時雙手要緊密配合，快而不亂，切忌
慌亂無章而使匕首落地。

6. 驚龍回首

以右腳跟、左腳掌為軸碾地，使身體左轉 180°，左腿
屈膝半蹲，右腿伸直，成左弓步。同時，雙手握匕首，隨
體轉左手和右手依次向上、向前下插落後，左匕首繼續左
下畫至體側。目視右匕首。（圖 5-12）

【用途及要點】敵從
身後攻我，我速轉體，用
左匕首勾畫插抹敵手臂，
右匕首插敵面及心窩部
位。雙腳用力碾地，使身
體快速擰轉，雙匕首撥插
要快速有力，力在匕尖。

圖 5-13

7. 回頭望月

　　重心後移，右腿屈膝
半蹲，左腿向後插落伸直，腳掌著地，成左插步。同時，
右手握匕首，使匕尖由前經上向後弧形下插；左匕首隨之
舉架於頭頂上方，匕尖向前。目視右匕首。（圖 5-13）

　　【用途及要點】敵從前後攻我，我用左匕首向上挑架
敵之臂械，右匕首反撩敵之腹、襠部位。後插步要快、要
穩、步宜大。後插步、右匕首反插與左匕首向上挑架要同
時完成。

8. 披身掛匕

　　兩腳碾地，使身體左轉 180°，左腿屈膝半蹲，右腿伸
直，戍左弓步。同時，左手握匕首，隨體轉使匕尖向前、
向左下經身體左側向後弧形繞畫；右匕首經上向右前插
落，匕尖向下。目視右匕首。（圖 5-14）

　　【用途及要點】敵從身後攻我，我速轉體，用左匕首
插敵胸、面，敵左右躲閃，我用右匕首插扎敵頸、肋。轉
體要快，雙匕首隨體轉的慣力而依次快速插落。

圖 5-14

圖 5-15

9.野馬上槽

（1）右腿屈膝上提，並快速向前彈踢，力在腳尖。同時，右匕首由前向下經身體右側向後弧形繞畫；左匕首由左後舉至頭頂上方，匕尖向前。目視右腳尖。（圖5-15）

（2）右腿體前落步屈膝，成右弓步。同時，左手握匕首，使匕尖繼續向前插落；右匕首隨之稍向後畫挑。目視左匕首。（圖5-16）

【用途及要點】敵我相對，我用右腳彈擊敵襠部，迫其後退，此時，我迅速用左匕首斜插敵上盤。右腳彈踢要有力，落步與左匕首前插要同時完成。

圖 5-16

第 二 段

10. 踏舟息浪（左）

以右腳跟左腳掌為軸碾
地，使身體左轉 180°，左
腿屈膝半蹲，右腿伸直，成
左弓步。兩手握匕首，隨體
轉使雙匕尖同時向左平抹。
目視左匕首。（圖 5-17）

圖 5-17

【用途及要點】敵從身
後攻我，我速回身，用左匕
首鈎攔畫抹敵之臂械，右匕
首平抹敵胸、腹部位。轉
體、雙匕首平抹要同時完
成。轉體時要擰腰擺胯。抹
匕首時要蘊藏內力，虎口相
對，相距約 10 公分，左匕

圖 5-18

首力達匕尖及內刃，右匕首力及外刃。

11. 踏舟息浪（右）

右腿前上一步屈膝，左腿蹬直，成右弓步。同時，雙
手握匕首，使雙匕首由左前向右後平抹。目視右匕首。
（圖 5-18）

【用途及要點】雙匕首同時抹鈎畫掃前、右、後來敵
之中、上盤。雙匕首向右後平抹時，身體稍右轉左傾。右

匕首力在匕尖及後刃，左匕首力及前鋒。

12.鳳凰展翅

圖5-19

右腳直立支撐，左腿屈膝提起，成右獨立步。同時，左手握匕首，使匕尖向左、向下斜畫至身體左後側；右手屈肘舉匕首，至頭右前上方，匕尖朝前。目視前方。（圖5-19）

【用途及要點】敵從前方攻我中、上盤，我用左匕首向左鈎掛敵臂、械；右匕首畫挑敵胸、面，並上架敵臂械。右獨立步時，右腿稍屈，但全身要保持立直。左匕首之左下鈎掛、右匕首之前上擺架與左腿提膝要協調一致。

圖5-20

13.龍門臥魚

（1）左腳體前落地，膝微屈。同時，右手握匕首，下降於右胸前；左手握匕首，由左後繞弧形畫至左胸前，兩虎口相對，雙肘微屈，雙匕尖向外。目視前下方。（圖5-20）

圖 5-21

圖 5-22

（2）右腳前擺，左腳隨即蹬地跳起，懸空中，身體左後轉。兩手握匕首，隨體轉使雙匕尖向右、向上、向左畫弧至頭前上方，兩手心相對，兩肘微屈。目視前方。（圖5-21）

（3）右腳先落地，左腳隨之向右腳後插落，兩腿交叉，兩膝微屈。同時，兩手握匕首，交叉下落於體前，右臂在外。目視右匕首。（圖5-22）

（4）雙腿屈膝下蹲，成歇步。兩手握匕首，同時，向前後分畫撐挑。目視右匕。（圖5-23）

【用途及要點】敵持械掃擊我下盤，我跳起躲過，並用雙匕首晃挑敵上盤。雙匕首同時挑扎前後之敵。身體縱跳時要高、要遠。落地成歇步時右腳尖外展，左腳跟離地，兩腿夾緊，定勢穩固。身體撐轉與

圖 5-23

雙匕首弧形上舉要同時進行，兩腳落地成歇步與雙匕首前後扎挑要協調一致。

14.螳螂繞臂

圖 5-24

（1）身體上起左轉180°，左腳向前上半步，屈左膝，右腿伸直。同時，左手握匕首，隨體轉使匕尖經上向前斜插落，經身體左側向後弧形繞畫，匕尖向右後上方；右匕首隨之經上向前插落。目視右匕首。（圖5-24）

圖 5-25

（2）右腳前上一步，右腿屈膝半蹲，左腿伸直，成右弓步。同時，右手握匕首，使匕尖繼續向下經身體右側向後弧形繞畫，匕尖向左後上方；左匕首由後經上向前插落，匕尖向下。目視左匕首。（圖5-25）

【用途及要點】敵從身後攻我，我速轉體，用左匕首鈎掛敵臂械，右匕首插扎敵胸、腹部位。敵手腳並用攻我中、上盤，我用右匕首鈎掛敵腿、腳部位，左匕首斜插敵胸、面。身體左轉成左弓步及右腳上步成右弓步時，要連

圖 5-26　　　　　　圖 5-27

續不停。兩臂成立圓繞行要與下肢運動協調，切勿出現腿
快手慢或手快腳慢的動作。

15.羅漢闖堂

　　右腿直立支撐，左腿屈膝上提，腳面繃平，腳尖向
下，成右獨立步。同時，左手握匕首，使匕尖由前向下經
身體左側向後弧形繞畫，匕尖向前上；右匕首繼續向後反
挑，匕尖向後上。目視前方。（圖 5-26）

　　【用途及要點】敵分前後近身攻我，我用左膝提撞前敵
之襠、腹，雙匕首反挑後敵之中、下盤。右腿直立支撐要
穩固，左膝提頂要用力。雙匕首身後反挑與左膝提頂要同
時完成。

16.犀牛望月

　　（1）右腳蹬地跳起，左腳迅速前擺縱躍落地。同時，
雙手握匕首，使雙匕尖向下經體側繞至頭前，兩手心相
對，雙臂屈肘，匕尖朝前。目視前方。（圖 5-27）

（2）右腳向體前落步，右腿屈膝半蹲，左腿伸直，成右弓步。同時，雙手握匕首，使雙匕尖向前快速扎出。目視前方。（圖5-28）

【用途及要點】敵用雙拳或雙短械攻我，我用雙匕首向上畫挑撐架敵械後，雙匕首快速扎向敵中、上盤。跳步不要太大，但要輕快靈活，提膝舉匕首，跳步前扎要連貫協調。

圖5-28

圖5-29

第 三 段

17.韋佗問路

兩腳碾地，使身體左轉180°，左腿屈膝，右腿伸直，成左弓步。左手握匕首，隨體轉經上向前斜扎後，繼續向下，匕尖向後上；右匕首隨之向左、向前弧形掃匕，匕尖向左。目視右匕首。（圖5-29）

【用途及要點】左匕首斜插敵上盤，敵低頭避閃，右匕首隨之平扎敵軟肋，轉體成左弓步與左匕首斜插、右匕首平掃要同時完成。

圖 5-30　　圖 5-31

18.羅漢打虎

左腿直立支撐，右腿屈膝前上提。同時，右手握匕首，向下經身體右側向後弧形繞畫，匕尖向右後上方；左匕首由左後繞環上舉至頭左前上方，匕尖朝前。目視前方。（圖 5-30）

【用途及要點】靜觀待變，伺機制敵。左腿支撐要穩固，右腿屈膝上提與左匕首後繞前上舉、右匕首後畫要同時完成。

19.二步趕蟾

（1）右腿迅速前擺，左腿隨即蹬地跳起。兩手握匕首，姿勢不變。目視前方。（圖 5-31）

（2）右腳先落地，左腿經右腿內側向前上步，兩腿屈膝。同時，左手握匕首，屈肘下沉於左腰後，匕尖向後；右匕首由右後經上向左胸前立圓繞行，手心向內，匕尖向前，肘微屈。目視前方。（圖 5-32）

（3）右腳前上一步，右腿屈膝半蹲，左腿伸直，成右弓步。兩手握匕首，使雙匕尖同時向前後分刺，兩臂伸直，右臂高與肩齊，左臂略低於肩。目視前方。（圖5-33）

【用途及要點】雙匕首扣鎖敵械後，同時分刺前後之敵。跳、縱步要高要遠，落地要輕穩。右弓步與雙匕首前後分刺要協調一致。

20.避風套月

重心後移，左腿屈膝半蹲，右腿後收半步，腳尖著地，上體稍前俯。右手握匕首，由前向左後屈肘平畫後繼續向右前挎截，匕尖向下；左匕首隨之下降至左胯後，匕尖斜向後上。目視右匕首。（圖5-34）

圖 5-35　　　　　　　圖 5-36

【用途及要點】敵用腿彈擊我下盤，我速俯身抽腿閃躲，同時，右匕首截擊敵腿、腳部位。重心後移上體前俯、右腳後收與右匕首橫截要同時完成。

21. 飛雁別翅

（1）右腿直立支撐，左腿屈膝上提，腳尖向下。同時，右手握匕首，向左前上方平提，匕尖向下，肘微屈；左匕首稍向左後舉。目視右匕首。（圖 5-35）

（2）上體稍右轉，右腳前擺，左腳蹬地跳起。同時，右手握匕首，向下經身體右側向後弧形繞畫，匕尖向右後上方；左匕首由左後經上向右前畫弧插落，匕尖向下，肘微屈。目視左匕首。（圖 5-36）

（3）右腳體前落步，左腳經右腳內側向前落地，左腿屈膝半蹲，右腿伸直，成左弓步。同時，右匕首隨左腳體前落步由後向上、向前弧形繞環插落，匕尖向下；左手握匕首，屈肘後擺於右腋下，匕尖向下。目視前方。（圖

圖 5-37　　　　　　　　　圖 5-38

5-37）

【用途及要點】身體跳起，右匕首撥掛敵臂械，左匕首插扎敵胸、面。敵以攻為退，我用左匕首右掛敵臂械，右匕首插扎敵上盤。身體騰空時要保持平衡，左匕首前插，右匕首後畫要於空中完成。左弓步、右匕首前插、左匕首後下壓掛要協調一致。

22. 太白醉酒

左腿屈膝支撐，右腳經左腳內側向前搓蹬。同時，兩手握匕首，隨右腳前向搓蹬分刺前後，左匕首高與肩齊，匕尖向前，右匕首繞挑至右後，匕尖向後上。目視前方。（圖 5-38）

【用途及要點】兩匕首同時扎刺前後之敵，右腳搓擊前敵腳面。蹬擊敵膝蓋及小腿部位。右腳向前搓蹬時，要先搓後蹬，力在腳跟，搓腳時腳跟著地，用搓腳的慣力前蹬。雙匕首前後分刺與搓腳要同時完成。

23.迎風插匕

右腳體前落步，兩腳碾
地，身體左轉180°，左腿
屈膝半蹲，右腿伸直，成左
弓步。左手握匕首，隨體轉
使匕尖經上向前弧形插落後
下降於左腰側，匕尖向後，
左臂屈肘；右匕首由後向
上、向前插落，匕尖向下。
目視右匕首。（圖5-39）

圖5-39

【用途及要點】敵分前
後攻我，我用雙匕首豁挑前
方之敵，掛插身後之敵。轉
體時要用腰發力帶動四肢。
左弓步、雙匕首連貫插掛要
同時完成。

24.跨馬勒絲

圖5-40

重心後移，身體右轉，
右腿直立支撐，左腿屈膝上提，腳尖向下。同時，右手握
匕首，隨體轉使匕尖向右平扎，匕尖向右；左匕首隨之屈
肘擺於胸前，匕尖向前。目視右匕首。（圖5-40）

【用途及要點】右匕首反刺右後之敵，左腿後提，閃
躲前敵下盤之掃擊。右獨立步、雙匕首穿扎擺挎要同時完
成。

第 四 段

25.烏鶯踏浪

（1）身體左轉，左腳
體前震踏地面，兩腿微屈。
左手握匕首，隨體轉使左匕
尖向上、向前弧形插落，匕
尖朝前下；右匕首隨之向
右、向上舉至頭右上方，匕
尖向前。目視左匕首。（圖
5-41）

圖 5-41

（2）右腳前上一步，
右腿屈膝半蹲，左腿伸直，
成右弓步。在右腳向前上步
的同時，右手握匕首，向前
弧形插落，匕尖斜向前下；
左匕首由前向下經身體左側
繼續向後弧形繞畫，匕尖向
後上。目視右匕首。（圖
5-42）

圖 5-42

【用途及要點】左腳踩踏敵腳面部位，右匕首斜插敵
咽喉及頸動脈。敵退，我右腳上步貼近敵身，右匕首快速
插扎敵心窩、軟肋。踏上步要快，雙匕首前插要快速有
力，不可停頓。

圖 5-43　　　　　　　　圖 5-44

26.就地生風

（1）身體向左後擰轉，右腳用力向左後蹬地跳起，左腿隨體轉向左上擺起。同時，兩手握匕首，使雙匕首隨體轉向下、向左、向上畫弧掄擺畫扎後，平置於體側，雙匕尖均斜向左方。目視左前方。（圖 5-43）

（2）在空中，身體繼續左轉，右腿由右向左裡合擺腿。同時，雙手握匕首，屈肘舉至頭兩側，匕尖向前。目視前方。（圖 5-44）

【用途及要點】雙匕首隨體轉畫插鈎挑四方之敵，左腿外擺敵械，右腿斜掃敵頭、肩部位。跳轉、掄匕首、裡合腿要協調一致，右腿要伸直靠近身體向左做扇形動作，速度要快，左腿外擺要收控於體前左側。

27.快馬加鞭

身體在空中繼續左轉，左腳先落地，右腳隨之向右落地，兩腿屈膝半蹲，成馬步。同時，左手握匕首，弧形下

降於左腰際，匕尖向後；右匕首由右前上方向前、向左下方繞弧形斜插落，右臂屈肘，匕尖斜向左下。目視右匕首。（圖5-45）

【**用途及要點**】左匕首撥掛敵之臂械，右匕首斜插敵胸、肋部位。馬步落地時，雙腳略寬於肩，腳尖內扣，挺胸、塌腰，保持身體平衡穩定。

28.勒馬穿梭

重心左移，左腿直立支撐，右腿屈膝向左前上提。在右腿上提的同時，左匕首屈肘上提至左胸前，快速向左平直扎出；右手握匕首，使右匕尖由左前向上、向右屈肘崩起，右手與肩同高，匕尖向前。目視前方。（圖5-46）

【**用途及要點**】右匕首撥挑左方敵來之臂械，左匕首穿扎敵身。左獨立步、左匕首左扎與右匕首上截要協調一致。

圖5-47　　圖5-48

29.跨馬穿梭

右腳向右落地，兩腿屈膝半蹲，成馬步。右手握匕首，使右匕尖由前向右直臂平扎；左手握匕首，屈肘收於胸前，匕尖朝前。目視右匕首。（圖5-47）

【用途及要點】右匕首右扎右方之來敵，左匕首畫掃左前之敵。右扎匕首要快、要狠，力在匕尖，左匕首向右前畫掃時，力在匕鋒。馬步下蹲、右匕首右扎與左匕首右前平掃要協調一致。

30.雙擔鐵門

上體右轉，右腿直立支撐，左腿屈膝提起，腳面繃平，腳尖向下，成右獨立步。雙手握匕首，隨體轉使雙匕尖同時向身體兩側撐畫，雙匕尖均向後。目視前方。（圖5-48）

【用途及要點】平掃、扣扎左右來攻之敵。右獨立步與雙匕首向體側撐畫要同時完成。

31.大鵬護巢

（1）左腳體前落步，兩膝微屈。在左腳向前落步的同時，兩手心相對，雙臂屈肘。目視前方。（圖5-49）

圖5-49

（2）右腳前擺，左腳蹬地跳起。同時，兩手握匕首，使雙匕首由前向下經體側向後、向上立圓繞行至頭前上方，雙肘微屈，兩手心相對，匕尖朝前。目視前方。（圖5-50）

圖5-50

（3）右腳體前落地，左腳經右腳內側稍向前落步，兩腿屈膝下蹲，右腳跟離地。兩手握匕首，使雙匕首由前上同時向前下插落，兩肘微屈，雙匕尖向下。目視雙匕首。（圖5-51）

【用途及要點】敵持雙短械攻我，我用雙匕首向外撥掛敵械後，快速扎向敵身。身體跳起與雙匕首後上鈎掛同時進行。雙腳落地成低蹲步與雙匕首前下插要協調一致。全動作要連貫協調，一氣呵成。

圖5-51

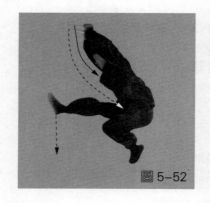

圖 5-52

圖 5-53

32.撥雲捧日

（1）右腳經左腳內側
前擺，左腳隨即蹬地跳起。
兩手握匕首，使雙匕尖同時
向前、向上擺挑，匕尖朝
前，兩手略高於頭部。目視
前方。（圖 5-52）

圖 5-54

（2）右腳體前落地。
兩手握匕首，使雙匕首分別向兩側、向後、向下弧形繞至
兩腰側，兩肘微屈，手心向下，雙匕尖均向外。目視前
方。（圖 5-53）

（3）左腳經右腳內側向前落步，左腿屈膝半蹲，右腿
伸直，成左弓步。在左腳向前上步的同時，兩手握匕首，
使雙匕首由腰側同時向前、向上弧形抹斬，兩肘微平屈，
拳面相對，手心向下，匕尖朝前。目視雙匕首。（圖 5-
54）

【用途及要點】敵從前方近身攻我，我用雙臂向前攉挑敵腹、胸部位。敵用雙短械攻我，我用雙匕首外掛敵械後，雙匕首快速抹斬敵頸動脈。縱躍步要高、要遠、要快、要疾，落地要穩；雙匕首之插鈎畫挑、撥架抹斬要快速有力，上下盤動作要緊密配合，要協調、連貫、緊湊，一氣呵成。

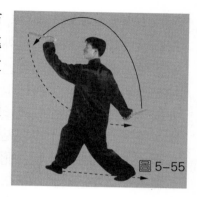

圖 5-55

第 五 段

33.金獸分水

（1）重心後移，左腿向身後退步，兩膝微屈。左手握匕首，隨體後移向下經身體左側向後、向上立圓繞行至頭左

圖 5-56

前上方，左手略高於頭部，左臂屈肘，匕尖向前；右匕首由前隨之向下經身體右側向後弧形繞畫，匕尖向後上。目視前方。（圖 5-55）

（2）右腳經左腳內側後退一步伸直，左腿屈膝半蹲，成左弓步。同時，左手握匕首，使匕尖向前插落後繼續向下經身體左側向後弧形繞畫，匕尖向後上；右手握匕首，隨之經上向前插落，右肘微屈，匕尖向下。目視右匕首。（圖 5-56）

【用途及要點】敵持械或
用雙拳攻我，我用雙匕首外掛
敵臂械，敵再進，我用雙匕首
插扎敵中、上二盤。連環退步
要快，雙臂立圓繞行要連續不
斷，雙臂立圓繞行上舉要貼近
耳根，下甩要靠近大腿外側。
左腿退步與左匕首弧形繞舉、
右匕首後畫同時進行。右腳退

圖 5-57

步與左匕首後畫、右匕首前插要協調一致。

34.蒼龍擺頭（右）

　　兩腳碾地，使身體右轉 180°，右腿屈膝半蹲，左腿伸
直，成右弓步。兩手握匕首，隨體轉使雙匕首經前向右後
上方弧形插落，右臂伸直，右手略高於肩，匕尖向右後上
方。左肘平屈，左匕首抹畫至左肩前，匕尖向右前。目視
前方。（圖 5-57）

　　【用途及要點】敵分左、右、後三方攻我，我速轉
體，用右匕首穿插右後敵之上盤，左匕首抹掃左前敵之中
盤。轉體變步與雙匕首之插抹要協調。

35.蒼龍擺頭（左）

　　左腳前上一步，腳尖外展，左腿屈膝半蹲，右腿伸
直，腳跟離地。同時，雙手握匕首，左手和右手依次經前
向左後弧形抹插落，左手略高於肩，右匕首畫抹至左肩
前。目視左匕首。（圖 5-58）

圖 5-58

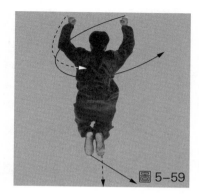

圖 5-59

【用途及要點】左匕首穿插左後敵之上盤，右匕首抹掃右前敵之中盤。插步宜大、宜穩。雙匕首左後插抹時上體要稍右傾左轉。插步、雙匕首左後插抹要同時完成。

36. 黑虎咬尾

（1）右腳前擺，左腳隨即蹬地跳起，身體騰空左轉90°。兩手握匕首，隨體轉屈肘舉至頭前上方，雙匕尖均朝前。目視前方。（圖5-59）

（2）右腳落地，身體稍左轉，左腳向身後插步，右腿屈膝半蹲，腳尖外展，左腿伸直，腳跟離地。兩手握匕首，使雙匕首向前下插扎後，右匕首繼續經身體右側向右後直臂插扎，高與肩齊，匕尖向右後；左手握匕首，屈肘於右胸前，手心向下，匕尖向左前。目視右匕首。（圖5-60）

【用途及要點】用雙匕首向上畫挑敵腹、胸，並上架敵械。雙匕首同時插前敵、挑身後之敵。身體懸空左轉與雙匕首上舉要同時進行。右腳落步與雙匕首前插要協調，

圖 5-60　　　　　　　　　　圖 5-61

左插步、右匕首向右後反刺、左匕首前畫要同時完成。

37. 魚腸獻匕

　　兩腳碾地，使身體左轉 180°，左腿屈膝半蹲，右腿伸直，成左弓步。左手握匕首，隨體轉使匕尖向上、向前插扎後，繼續向下經身體左側向後弧形繞畫，匕尖向左後上方；右匕首隨之經上向前插扎，右臂屈肘，匕尖向前。目視右匕首。（圖 5-61）

　　【用途及要點】左匕首斜插敵之胸、腹，並撥掛身體左側敵之來械，敵退或躲閃，我用右匕首快速插扎之。轉體要快，兩腿隨身轉而自然成左弓步。雙匕首前插以肩為軸，上體稍前傾，有放長擊遠之意識，雙臂立圓繞行要圓、要活，雙肩力求下沉，雙匕首依次繞行要快速有力，力在匕尖。

38. 楚漢分疆

　　（1）左腿屈膝支撐，右腿前擺。兩手握匕首，屈肘於

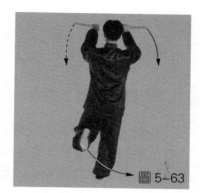

左胸前，兩前臂交叉，右臂在上，雙匕尖斜對。目視雙
手。（圖5-62）

　　（2）左腳蹬地跳起，身體左轉，右腳體前落步。兩手
握匕首，隨體轉，使雙匕首撐架於頭前上方，兩虎口相
對，相距約10公分，雙匕尖均向外。目視雙手。（圖5-
63）

　　（3）左腳向右腳後插落，兩腿交叉屈膝下蹲，成歇
步。同時，兩手握匕首，使雙匕首由上向身體兩側平插，
雙臂成一直線，匕尖向下。
目視左匕首。（圖5-64）

　　【用途及要點】雙匕首
截剪左方敵之臂械。身體跳
起雙匕首擺挑左前之敵。雙
匕首側插左右敵之中、下
盤。歇步兩腿靠緊，右腳尖
外展，左腳跟離地，挺胸、
塌腰，力求穩固。雙匕首側

插與歇步同時完成。

第 六 段

39.鴛鴦比翼（左）

身體上起左轉，右腿挺膝
支撐，左腿屈膝提起，腳面繃
平，腳尖向下。同時，左手握
匕首，弧形擺至左胯外側，繼

圖 5-65

向左前上方擺挑，左臂屈肘，匕尖朝前；右匕首向前、向
下弧形畫向右後下方。目視左匕首。（圖 12-65）。

【用途及要點】敵分前後攻我，我用左匕首擺挑左前
敵之上盤，右匕首畫扎右後敵之中、下盤。身體上起與左
匕首內收同時進行。右獨立步與左匕首前擺、右匕首右後
斜扎要協調一致。

40.鴛鴦比翼（右）

左腳落地，左腿挺膝支
撐，右腿迅速屈膝提起。同
時，右手握匕首，使右匕尖由
右後經身體右側向前、向上弧
形擺挑，右臂屈肘，匕尖向
前；左匕首向前、向下經身體
左側向後弧形繞畫，左臂伸
直，匕尖向右後上方。目視右
匕首。（圖 5-66）

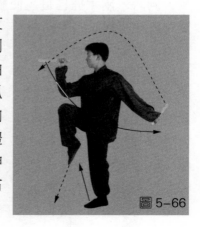

圖 5-66

【用途及要點】雙腳左右跨閃為躲避敵下盤攻擊。右匕首擺挑前敵之上盤；左匕首斜插後敵之中、下盤。左獨立步、右匕首前上擺挑、左匕首左後斜插要協調一致。

圖5-67

41.插花蓋頂

（1）左腳蹬地跳起，右腳前擺縱躍落地，右膝微屈。同時，左手握匕首，由左後經上向前插扎，左臂伸直，左手略低於肩，匕尖向下；右匕首由前上向下經身體右側向後弧形繞畫，匕尖向左後上方。目視左匕首。（圖5-67）

（2）左腳經右腳內側向體前落地，左腿屈膝半蹲，右腿伸直，成左弓步。同時，左手握匕首，由前向下經身體左側向後弧形繞畫，匕尖向右後上方；右匕首由後經上向前立繞插扎，匕尖向下。目視右匕首。（圖5-68）

【用途及要點】雙匕首快速插扎前方之敵，擺挑身後之敵。跳步不宜太大，要快速靈活。雙匕首前後立繞要圓、要快，力達匕尖。

圖5-68

圖 5-69　　　　　圖 5-70

42. 驚馬踏蹄

（1）左腿屈膝支撐，右腳向左腳前滑搓地面後，繼續向前蹬踹。同時，左手握匕首，由左後經體左側向前挺腕攪挑，左肘微屈，左手與肩同高，匕尖向前下方；右匕首由前向下經身體右側向後繞畫，匕尖向左後上方。目視左匕首。（圖 5-69）

（2）右腳體前踏落，右腿屈膝半蹲，左腿伸直，成右弓步。在右腳向前踏落的同時，右手握匕首，由右後經身體右側向前畫弧挺腕攪挑，右肘微屈，右手略低於肩；左手推匕首，屈肘後收於左腹前，匕尖向前。目視右匕首。（圖 5-70）

【用途及要點】右腳搓蹬敵小腿及腳面，同時左匕首攪挑敵上盤，敵退，我用左匕首外掛敵臂械，右匕首攪挑敵身。搓、蹬要迅猛有力，力在腳跟，搓蹬腿時上體要立直，不可歪斜。前搓腳要與左匕首前上攪撩、右匕首後畫同時進行。右腳體前踏落要與左匕首後收、右匕首前上攪

挑同時完成。

43.白馬翻蹄

　　（1）兩腳碾地，使身體左轉 180°，左腿屈膝半蹲，右腿伸直，成左弓步。左匕首隨擺於左腹前；右手握匕首，隨體轉使右匕首畫弧至右胸前，右臂屈肘，匕尖向下。目視右匕首。（圖 5–71）

　　（2）重心後移，右腿蹬直支撐，左腿伸直向後上舉起，腳面繃平，腳掌朝上，上體前俯，成燕式平衡。同時，兩手握匕首，向身體兩側平刺，手心向下，雙匕尖均向外。目視前方。（圖 5–72）

　　【用途及要點】敵分左、右、後三方同時攻我，我用左匕首平刺左側之敵，右匕首刺向右側之敵，左腳撩擊身後之敵。上體前俯不能低於水平，左腿要以腳跟用力向後迅速撩踢。上體前俯、左腿向後撩踢要與兩臂左右平伸同時完成。右腳站立支撐要穩固。

44. 流星趕月

（1）左腳身後落地，身體左轉 180°，左腿屈膝，右腿伸直，成左弓步。同時，左手握匕首，隨體轉使左匕首經上向前插扎，匕尖向下；右手握匕首，順勢擺至身後，匕尖向下。目視左匕首。（圖5-73）

圖5-73

（2）右腳向前上步，右腿屈膝，左腿伸直。右手握匕首，由後經上向前立繞插扎，匕尖向下；左匕首向下經身體左側後畫，匕尖向右後上方。目視右匕首。（圖5-74）

圖5-74

【用途及要點】敵從身後攻我，我速轉身，用左匕首斜扎敵上盤，敵退逃，我用右匕首快速追扎之。轉體要快，以腰發力，帶動四肢，上體翻轉要與左匕首前插同時進行。右腳上步與右匕首前插、左匕首後畫同時完成。

45. 舞龍潛池

（1）身體左轉，右腳尖內扣，兩膝微屈。同時，兩手

握匕首，隨體轉向兩側平伸，雙匕尖向下。目視左前方。
（圖5-75）

（2）身體繼續左轉，左腿屈膝成左弓步。同時，右手
握匕首，使匕尖向下、向前掄挑；左匕首向下、向後掄
掃。目視右匕首。（圖5-76）

（3）身體右後轉，右腿屈膝成右弓步。同時，右手握
匕首，使匕尖繼續向上、向右、向後掄挑；左匕首向左、
向上、向前掄插。目視左匕首。（圖5-77）

圖 5-78

（4）重心左移，左腿屈膝下蹲，右腿平鋪伸直，成右仆步。同時，右手握匕首，使匕尖繼續向上、向右、向下在右腿內側插落；左手握匕首，繼續向下、向左畫挑，停於體左側。目視右匕首。（圖 5-78）

【用途及要點】雙匕首插扎體前敵之上盤，畫挑身後敵之下盤，掛挑左右敵之來械。兩手握匕首在插扎畫挑鈎帶掄擺過程中，要注意向上時靠近耳根，下擺時要靠近大腿成立圓，要活腰順肩，速度快猛。仆步時，上體不要前俯，要探向身體右側、挺胸、塌腰。

46. 雙匕合一

身體上起，右腿屈膝，左腿伸直，成右弓步。同時，左手握匕首，向前畫弧，與右匕首相併，左手即將右匕首接握。目視左手。（圖 5-79）

【用途及要點】左匕首撐畫敵腿膝、臂之攻擊。右匕首隨身體上起而上提，當左匕首向前畫弧時，右手屈腕貼靠左匕柄。

圖5-79

圖5-80

47.白鶴亮翅

　　右腳碾地，身體左轉，左腳移於右腳前，腳尖點地，成左虛步。同時，右手成掌向右、向上弧畫，屈肘抖腕橫架於頭右上方，手指向左，手心向前上；左手握匕柄，經身體左側反臂後舉，匕尖向後下。頭向左擺。目視左方。（圖5-80）

圖5-81

【**用途及要點**】右掌臂騰架敵拳掌之攻擊，左匕首後挑身後之敵。左腳前移成左虛點步時，左腿伸直，腳面繃平，腳尖點地。左腳前移、右手亮掌、左匕首後挑與左擺頭要同時完成。

收　勢

右腳向左腳併步，兩腿直立，左臂由後自然下垂於身體左側，匕尖朝後。右掌由頭右上方向體前屈肘下按，然後自然附於右胯外側。目視前方。（圖5-81）

【**用途及要點**】收勢時頭要端正，下頜內收，眼向前平視。要挺胸、直腰、沉肩，兩臂自然下垂，呼吸平穩，精神振作。

第六章

迷蹤拳雙鉞

迷蹤拳雙鉞又名「子午鴛鴦雙鉞」，是迷蹤拳雙器械之一。講究陰陽奇正、數術變化。其動作有協調連貫，緊湊圓活，身靈步穩，連綿不斷，節奏分明及縮、小、綿、軟、巧之特點。

主要技法有扎、鑷、鈎、帶、畫、擺、撩、挑、鉸、剪、插、雲、撥、卡、鎖、崩、撐、按、劈、掃等等。

動作名稱

預備勢

第一段

1. 烏鷥撥浪
2. 黑熊坐洞
3. 白鷺抽絲
4. 鳳凰展翅
5. 雲蛟投江
6. 白蛇吐信
7. 烈馬踢槽
8. 錯馬認鐙
9. 雙鷹抱環
10. 孔雀開屏
11. 獨龍入洞

第二段

12. 天師斬蛟
13. 迎風搖扇(右)
14. 迎風搖扇(左)

15. 雙龍吐珠
16. 浪子踢球
17. 童子挎籃(左)
18. 童子挎籃(右)
19. 蒼鷹剪鉸
20. 野馬分鬃

第三段

21. 陰陽倒掛
22. 鳳凰擺頭(右)
23. 鳳凰擺頭(左)
27. 金雞啄米
28. 雄鷹展翅

第四段

29. 蒼龍晃臂
30. 鴛鴦繞枝
31. 鳳凰落地
32. 鴛鴦戲巢

33. 紫燕繞林
34. 羅漢掛鐘(右)
35. 羅漢掛鐘(左)
36. 哪吒伏龍
37. 玉柱擎天

第五段

38. 黑虎伸腰
39. 迎風擺荷
40. 雙燕騰飛
41. 金龍擺尾
42. 獅子回頭
43. 玉龍盤柱
44. 太公釣魚

第六段

45. 頭頂雙月
46. 巧女摘花
47. 白馬撞槽

動作圖解

預備勢

兩腳併步站立。左手握雙鉞柄，使雙鉞尖、刃向下，兩臂自然下垂，兩手貼於兩大腿外側。目視前方。（圖6-1）

第　一　段

1.烏鶯撥浪

（1）右手成掌，向前直臂伸舉，手心向上；左手握雙鉞柄，稍向上提，左肘微屈。目視前方。（圖6-2）

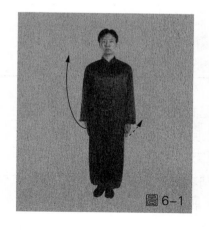
圖6-1

圖6-2

（2）右掌向右下揮擊下衣角後繼續向後下擺動。同時，身體右轉，右腳向前上一步，右腿屈膝，成右弓步。左手握鉞，隨體轉向體前畫弧，雙鉞尖朝前。目視雙鉞。（圖6-3）

【用途及要點】右手揮撥敵之手臂，左手握鉞撩挑敵之胸、腹部位。右揮手、轉體、上步、左手握鉞前上撩要協調一致。

2. 黑熊坐洞

（1）身體左轉，左腿屈膝成左弓步。左手握雙鉞，隨體轉舉至頭頂上方；右掌向左、向上弧形擺至身後。目視前方。（圖6-4）

（2）上體繼續左轉，左腿直立，右腿屈膝提起，腳尖向下。同時，左手握鉞，由上向前下弧形擺動；右掌由後直臂舉至頭頂上方。目視前下方。（圖6-5）

（3）右腳向左腳內側震踏地面，兩腿隨即屈膝下蹲，成低蹲步。同時，左手握鉞，屈肘上提，手背向上；右掌

圖 6-5　　圖 6-6

由上向前、向下拍擊左手背後下滑接握一鉞柄。目視雙手。（圖 6-6）

【用途及要點】左手握鉞，下扎敵襠、腹，右掌劈蓋敵頭頂部位。右腳震踏地面要用力，左腿隨右腳震踏地面而屈膝下蹲。右手拍擊左手背要清脆有聲，左手背上提時成斜平，使右手拍擊後自然下滑而快速接握一鉞柄。

3. 白鷺抽絲

身體上起，右腿直立支撐，左腿屈膝提起，腳面繃平，腳尖朝下，成右獨立步。同時，右手握鉞，屈肘回收至右腰側，虎口朝上，左手握鉞，直臂向前下平推，手心向下。目視左鉞（圖 6-7）

圖 6-7

【用途及要點】敵持械從

前方攻我，我用右鉞外掛敵
械，左鉞平鏟敵中盤。身體
上起、提膝、左鉞前鏟、右
鉞回收要同時完成。

4.鳳凰展翅

（1）左腳向體前落
地，左腿屈膝。同時，左鉞
稍回收，右手握鉞，向前直
臂平擺。目視右鉞。（圖
6-8）

圖6-8

（2）右腳前擺，左腳
蹬地跳起，懸空中身體右
轉。雙手握鉞，使雙鉞由前
向右平擺，右臂伸直；左臂
屈肘於胸前。目視右鉞。
（圖6-9）

圖6-9

【用途及要點】敵掃擊
我下盤，我跳起躲過。雙鉞同時畫掃前、右之敵。身體跳
起要高、要遠，雙鉞向右畫掃時要快速有力。

5.雲蛟投江

右腿落地屈膝全蹲，左腿鋪平伸直，成左仆步。雙手
握鉞，向左畫掃，左臂伸直，右臂屈肘，兩手心均向下。
目視左鉞。（圖6-10）

【用途及要點】敵持械攻我中、上盤，我速低身仆步躲

過，同時雙鉞掃擊敵下盤。雙腳落地要輕穩，仆步與雙鉞左掃要同時完成。

6.白蛇吐信

身體上起左轉，左腿屈膝半蹲，右腿自然伸直，成左弓步。同時，左手握鉞，由前屈肘畫弧至左腰側，虎口朝上；右手握鉞，隨體轉向前直臂平扎，手心向上。目視右鉞。（圖6-11）

【用途及要點】敵持械從前方攻我，我用左鉞左掛敵械，右鉞平扎敵身。左鉞左畫要快速，右鉞前扎要用力。

圖6-10

圖6-11

7.烈馬踢槽

右手握鉞，屈肘回收於右腰側，虎口朝上；左手握鉞，向前直臂扎出，手心向下。同時，左腿屈膝支撐，右腳向前快速彈擊。目視右腳尖。（圖6-12）

【用途及要點】右鉞右

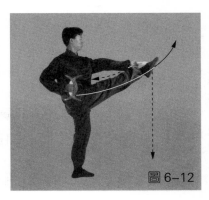

圖6-12

後摟掛敵械，左鋮平扎敵中盤，同時右腳彈擊敵襠、腹部位。右腳彈擊時，右腿先屈膝提起，腳面繃平，然後伸直向前快速彈擊，力在腳尖。前扎鋮、回收鋮與右腳彈擊要同時完成。

8.錯馬認鐙

右腳於體前落地，右腿屈膝半蹲，左腿伸直，成右弓步。同時，左手握鋮，屈肘回收，虎口朝上；右手握鋮，直臂前扎，手心向上。目視右鋮。（圖6-13）

【用途及要點】左鋮外掛敵械，右鋮平扎敵身。雙鋮於體前交錯進收時勁要使勻。

9.雙鷹抱環

兩腳碾地，使身體左後轉，左腿屈膝成左弓步。左手握鋮，順勢擺至右腋下，手心向下；右手握鋮，隨體轉向左平掃至左肩前，手心向下，兩臂於胸前交叉環抱，兩肘平屈。目視前方。（圖6-14）

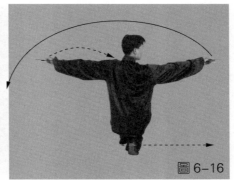

【用途及要點】雙鉞剪錯前、左方之敵。上體擰轉要快，兩腳支撐要穩，轉體、雙臂交叉要協調。

10.孔雀開屏

（1）上體右轉，左腳向右後插步，兩腿交叉屈膝。同時，兩手握鉞，兩臂交叉前伸，使雙鉞由體側弧形擺至體前，兩手心向下。目視右鉞。（圖6-15）

（2）兩腿交叉屈膝下蹲，成歇步。兩手握鉞，使雙鉞由前分別向體側平掃，兩臂伸直，兩手心均向下。目視右鉞。（圖6-16）

【用途及要點】雙鉞同時剪挫前方之敵。雙鉞分別掃扎左、右之敵。歇步時兩腿要夾緊，下盤要穩固，右腳尖外展，左腳跟離地。歇步、雙鉞體側平掃要同時完成。

11.獨龍入洞

身體上起左轉，右腳向後退一步伸直，左腿屈膝成左弓步。左手握鉞，向右前方畫弧，左肘微屈，手心向下；

右手握鉞，隨體轉向前下直臂平扎，手心向下。目視右鉞。（圖6-17）

【用途及要點】左鉞左掛敵之來械，右鉞斜扎敵之中、下盤。右腳隨身體上起左轉而向後退步。左弓步、左鉞左畫、右鉞前下扎要協調。

第 二 段

12.天師斬蛟

上體右轉，右腿直立支撐，左腿屈膝提起，腳尖向下，成右獨立步。兩手握鉞，使雙鉞由前隨體轉向右畫掃，右臂伸直，左臂屈肘於胸前，兩手心均向下。目視右鉞。（圖6-18）

【用途及要點】雙鉞同時掃擊右前方之敵。右腿支撐要穩固，上體保持直立。雙鉞右掃要快速有力。

圖 6-19 　　　　　　圖 6-20

13. 迎風搖扇（右）

（1）上體左轉，左腳向體前落地，兩腿屈膝，右腳跟離地。同時，兩手握鉞，使雙鉞向下經身體右側向前上弧形撩鉞。目視左鉞。（圖 6-19）

【用途及要點】敵從前方攻我中、上盤，我用左鉞向上鉤挑敵械，右鉞撩敵身。雙鉞前上撩時分虛實用力，幅度要大，要鬆肩、活肘、挺腕。

14. 迎風搖扇（左）

（1）右腿屈膝提擺，右腳面貼扣於左膝後側，左腿屈膝。同時，兩手握鉞，使雙鉞由前上向左、向後畫弧。目視左鉞。（圖 6-20）

（2）右腳向前上一步，兩腿屈膝。同時，兩手握鉞，使雙鉞由左向下經身體左側向前上弧形撩鉞。目視右鉞。（圖 6-21）

【用途及要點】敵我對峙，我用右鉞撩擊敵中、上盤，

圖6-21　　　　　　　　　　圖6-22

敵退，我用左鉞追撩敵下盤。雙鉞前撩於體側繞行時要貼近身體，使尖刃朝上，切勿觸身。上步、撩鉞要協調。

15.雙龍吐珠

（1）左腿屈膝提擺，左腳面貼扣於右膝後側，右腿隨即屈膝。同時，雙手握鉞，使雙鉞由前向上、向右、向後畫弧。目視右鉞。（圖6-22）

（2）左腳向前落步，左腿屈膝半蹲，右腿伸直，成左弓步。同時，雙手握鉞，使雙鉞由後經身體右側向前直臂扎鉞；兩手心均朝下。目視雙鉞。（圖6-23）

【用途及要點】雙鉞反掃右後之敵，平扎前方之敵。敵持械攻我上盤，我用雙鉞外掛後送敵械，

圖6-23

並順敵械向前畫扎敵中、上盤。扣步平衡與雙鉞右後畫弧要同時進行。左腳體前落步與雙鉞前扎要同時完成。

16.浪子踢球

左腿屈膝支撐，右腳向前快速彈踢。同時，兩手握鉞，由前向下分別經體側向後反撩，兩肘微屈，虎口朝下。目視右腳。（圖6-24）

【用途及要點】雙鉞鈎掛左、右敵之來械，反撩身後之敵，同時右腳彈擊敵中盤。右腳彈擊時右腿要伸直，腳面繃平，力在腳尖。雙鉞後撩，右腳前彈要同時完成。

17.童子挎籃（左）

（1）右腳於體前落地，右腿屈膝半蹲，左腿伸直，成右弓步。同時，左手握鉞，使左鉞繼續向後上繞行，虎口朝上；右手握鉞，由後向下經身體右側向前直臂畫弧，虎口朝上。目視右鉞。（圖6-25）

（2）右腿挺膝站立，左腿屈膝提起，腳尖朝下，成右

圖 6-26　　　　　圖 6-27

獨立步。同時，右手握鉞，由前向下經身體右側向後直臂反撩，虎口朝下；左手握鉞，使左鉞由後向下經身體左側向前、屈肘繞舉至頭左前上方，虎口朝後。目視前方。（圖6-26）

【用途及要點】兩鉞交替撩擊前後之敵，舉架敵之上方來械。兩鉞前後撩擊要快、要貼近身體，盡量放大幅度。

18. 童子挎籃（右）

（1）左腳向體前落步，左腿屈膝半蹲，右腿自然伸直，成左弓步。同時，左手握鉞，由上向前、向下繞至體側，虎口朝前；右手握鉞，由後向下經身體右側向前畫弧，虎口向上。目視右鉞。（圖6-27）

（2）左腿挺膝站立，右腿屈膝提起，腳尖向下，成左獨立步。同時，右手握鉞，屈肘舉於頭右上方，虎口朝後，使右鉞由前向上弧形繞舉；左手握鉞，繼續向後畫弧反撩，虎口朝下。目視左下方。（圖6-28）

【用途及要點】右鉞撩擊前敵並上架敵之來械，左鉞

圖6-28　圖6-29

撩擊身後敵之中、下盤。右腿上提、左鉞後撩、右鉞右前上舉要同時完成。

19.蒼鷹剪鉸

（1）上體稍左轉，右腳前擺，左腳蹬地跳起。右手握鉞，由上向前、向下弧形繞至體側；左手握鉞，由後向上弧形舉至頭左前上方，虎口朝後。目視前方。（圖6-29）

（2）左腳落地，上體右轉，右腳面貼扣於左膝後側，左腿隨即屈膝；同時，左鉞由上向前、向右斜擺；右手握鉞，使右鉞繼續向右後上方弧形繞行。目視左鉞。（圖6-30）

圖6-30

（3）右腳震踏地，左腳向前上步。左腿屈膝半蹲，右腿伸直，成左弓步。同時，左

手握鉞，屈肘繞至右腋下，手心朝下；右鉞由後上繼續向前直臂卡扎，虎口向前。目視右鉞。（圖6-31）

圖6-31

【用途及要點】敵持械攻我中、上盤，我用右鉞外掛敵械，左鉞卡扎敵上盤，敵抽械再進，我用左鉞右掛敵械，右鉞劈敵中、上盤。雙撩擊身後之敵，撥攔左、右敵之來械。

20.野馬分鬃

兩手握鉞，使雙鉞分別向前後畫弧亮鉞。在兩鉞向前後畫弧同時，左腿屈膝支撐，右腳向前快速彈踢，腳面繃平。目視腳尖。（圖6-32）

圖6-32

【用途及要點】右鉞反撩身後之敵，左鉞撩挑前敵之上盤，同時，右腳彈擊敵中盤。左腿支撐要穩固，雙鉞前後撩擊與右腳彈踢同時完成。

第 三 段

21.陰陽倒掛

右腳向體後落地伸直，左腿屈膝成左弓步。同時，左手握鉞，由前向下經身體左側向後畫弧，虎口朝下；右手

握鉞，由後向下經身體右側
向前直臂撐擁，虎口朝上。
目視右鉞。（圖6-33）

【用途及要點】敵分前
後攻我，我用左鉞後撩敵
械，右鉞撐擁敵中盤。雙鉞
前後擁撩要快速有力。右腿
退步、雙鉞前後擁撩要同時
完成。

圖6-33

22.鳳凰擺頭（右）

（1）重心後移右腿，
左腳離地屈膝後擺。同時，
右手握鉞，由前向下經身體
右側向後畫弧。左鉞稍向後
上提擺，虎口向下。目視前
方。（圖6-34）

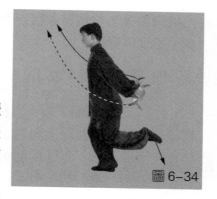

圖6-34

（2）左腳於體後落
地，左腿屈膝，右腳稍活步
後移，腳尖著地，成右虛
步。同時，兩手握鉞，使雙
鉞由後向下、向前上畫弧撩
鉞。目視右鉞。（圖6-
35）

【用途及要點】敵從前
方攻我中盤，我用右鉞向前

圖6-35

上挑架敵械，左鉞撩敵腹、胸部位。雙鉞前撩要用力，退步、撩鉞要協調。

23.鳳凰擺頭（左）

（1）左腿屈膝支撐，右腳離地屈膝後擺。同時，兩手握鉞，使雙鉞由前經上向右、向後畫弧，左臂屈肘，右臂伸直。目視右鉞。（圖6-36）

（2）右腳於體後落地，右腿屈膝半蹲，左腳活步後移，腳尖著地，成左虛步。同時，兩手握鉞，使雙鉞由後向下經身體右側向前上畫弧撩鉞。目視左鉞。（圖6-37）

【用途及要點】左鉞撩敵中、上盤，右鉞撩敵中、下盤。雙鉞右後畫弧與前上撩擊時盡量放大幅度，要鬆肩、活肘。右後畫弧時上體稍右轉，前撩時上體稍左轉右傾。

24.螳螂捕蟬

（1）兩腳碾地，使身體右後轉，右腳向前上半步，右腿屈膝半蹲，左腿自然伸直，成右弓步。同時，右手握

鉞，隨體轉經上向前直臂畫弧劈鑔，手心向下；左鉞順勢擺至身後。目視右鉞。（圖6-38）

（2）左腳向右腳內側落步，兩腿屈膝下蹲，成低蹲步。同時，右手握鉞，由前向下、向右、向後弧形擺動，手心向下；左手握鉞，由後向上、向前下斜切，手心向下，肘微屈。目視左鉞。（圖6-39）

【用途及要點】右鉞劈卡身後之敵。敵持械從前方攻我下盤，我用右鉞外撥敵械，左鉞切鑔敵下盤。轉體、上步、右鉞前劈、左鉞後舉要同時進行，重心下沉，右鉞右畫與左鉞下切要同時完成。

25.霸王舉鼎

身體上起，左腿直立支撐，右腿屈膝提起，腳尖向下，成左獨立步。在右腿上提的同時，雙手握鉞，使雙鉞同時向前、向上舉至頭頂上方，兩手心向前，虎口相對，兩肘微屈。目視前方。（圖6-40）

【用途及要點】雙鉞同時畫挑左、右之敵，上架敵之

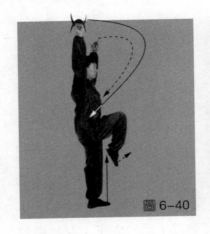

圖6-40

圖6-41

來械。上、下肢保持立直，兩鉞向上撐舉要用力。

26.黑虎推山

（1）右腳前擺，左腳蹬地跳起。雙手握鉞，使雙鉞由上向前、向下分別立圓繞行至兩腰側，兩臂屈肘，虎口朝前。目視前方。（圖6-41）

（2）右腳先落地，左腳經右腳內側向前上步，左腿屈膝半蹲，右腿伸直，成左弓步。同時，兩手握鉞，使雙鉞由體側向前直臂扎出，兩虎口朝上。目視右鉞。（圖6-42）

圖6-42

【用途及要點】敵持雙械攻我中、下盤，我用雙鉞向體側分掛敵械，然後快速擁扎敵中盤。雙鉞前扎時要

圖6-43　　　　　圖6-44

快速有力，上體稍前傾。左腳上步與雙鋮前扎要同時完成。

27. 金雞啄米

（1）右腳前擺，左腳蹬地跳起。雙手握鋮，由前向下分別經體側向後畫弧，兩虎口朝下。目視前方。（圖6-43）

（2）右腳落地，右腿屈膝，左腳經右腳內側向前落步，腳尖著地，成左虛步。同時，雙手握鋮，使雙鋮由後向上、向前弧形挺腕點扎，兩肘微屈，兩虎口斜向前上。目視左鋮。（圖6-44）

【用途及要點】雙鋮同時撩擊身後之敵、點扎前方之敵，撥掛左、右敵之來械。身體跳起與雙鋮後繞同時進行。左虛步與雙鋮點扎要協調一致。

圖 6-45

圖 6-46

28.雄鷹展翅

　　右腳向右前上半步，身體左轉，左腳活步前移，腳尖著地，重心下沉成左虛步。同時，右手握鉞，隨體轉向前畫挑，右手與頭同高；左手握鉞，由前向下經身體左側向後畫弧。目視右鉞。（圖 6-45）

　　【用途及要點】右鉞撩挑前方之敵，左鉞反撩身後之敵。雙鉞前後撩挑要借助轉體慣力，使雙鉞快速前後撩擊。

第 四 段

29.蒼鷹晃臂

　　（1）重心前移，右腳經左腳前向左橫擺，左腿屈膝站立。同時，右手握鉞，屈肘舉至頭右上方，使右鉞由前向後、向上弧形擺動，虎口朝後；左手握鉞，由左後下降於身體左側，左肘微屈，虎口向前。目視前方。（圖 6-46）

（2）右腳落地支撐，左腿隨即屈膝提起，腳尖朝下。同時，右鉞由上向前、向下經身體右側向後畫弧，虎口朝下；左手握鉞，向前、向右上畫弧至右肩前，虎口朝上。目視右鉞。（圖6-47）

（3）左腳向左落地，兩腿屈膝成馬步。同時，左手握鉞，由右前向左下畫弧至左腿外，虎口朝前；右鉞由後向上屈肘舉至頭右上方，虎口朝後。目視左鉞。（圖6-48）

【用途及要點】雙鉞同時撩擊前後之敵。左鉞切鏟左敵之下盤，右鉞上架敵之來械。雙鉞前後擺動時勁要使勻。馬步、左切鉞、右架鉞要同時完成。

30.鴛鴦繞枝

（1）身體左轉，右腳向前上一步，右腿屈膝成右弓步。同時，左手握鉞，向左弧形平畫，虎口朝前；右手握鉞，隨體轉向右、向前弧形平繞，手心向左。目視右鉞。（圖6-49）

圖6-49　　　　　圖6-50

（2）身體繼續左後轉，左腿屈膝成左弓步。同時，左手握鉞，向右後直臂畫弧，虎口斜向右後；右手握鉞，隨體轉向左、向前直臂推出，手心向上。目視右鉞。（圖6-50）

【用途及要點】敵持械從身後攻我，我用左鉞外掛敵械，右鉞推鏟敵胸、頸部位。轉體要快，右鉞隨體轉而快速推鏟。

31.鳳凰落地

上體右轉，左腿屈膝全蹲，右腿伸直鋪平，成右仆步。同時，右手握鉞，由前向右下直臂斜掃；左手握鉞，向左上直臂伸舉，使左鉞由右向前、向左弧形鏟鉞，虎口朝前。目視右鉞。（圖6-51）

【用途及要點】敵分左、右攻我，我用右鉞掃擊右敵之下盤，左鉞左上鏟擊左敵之中盤。轉體、仆步，右鉞斜掃、左鉞上鏟要協調一致。

圖6-51

圖6-52

32.鴛鴦戲巢

（1）身體上起左轉，重心後移右腿，左腳離地，屈左膝後擺。同時，左手握鉞，屈肘擺至體右側，使左鉞向上、向右下弧形擺動，虎口朝後；右手握鉞，隨身體上起向上、向前弧形擺至右上方。目視左鉞。（圖6-52）

（2）左腳於體後落地，兩腿屈膝。同時，左手握鉞，使左鉞經右鉞外側向上、向前弧形繞行；右鉞由前向下，於左鉞內側繼續向下經身體右側向後畫弧，虎口向下，使雙鉞於身體右側上下插穿。目視左鉞。（圖6-53）

（3）右腿支撐，左腳稍上提。同時，左手握鉞，由前

圖6-53

圖 6-54

圖 6-55

向下、向後、向上繞弧形擺
至右胸前，手心向後；右手
握鉞，由後向上弧形舉至頭
右上方，虎口朝後。目視前
方。（圖6-54）

（4）左腳於體後落
地，兩腿屈膝。同時，左手
握鉞，於右鉞外側向上、向
前弧形繞擺，虎口朝上；右
鉞由上向前下，於左鉞內側

圖 6-56

繼續向下、向後弧形繞畫，手心向下。目視左鉞。（圖6-
55）

（5）重心後移右腿，左腳離地，屈左膝後擺。同時，
左手握鉞，由前向下、向後繞弧形至右胸前，虎口朝後；
右鉞由後向上、向前弧形繞舉，虎口朝上。目視左鉞。
（圖6-56）

（6）左腳於體後落地腿伸直，腳跟離地，右腿屈膝半
蹲，腳尖外展。左手握鉞向上、向前直臂畫弧，虎口朝
上；右手握鉞，由前向下，於左鉞內側向右後繼續弧形撩
鉞，虎口朝下。目視左鉞。（圖6-57）

【用途及要點】兩鉞交替穿插撩扎前後之敵。雙鉞前
後立圓繞行時要貼近身體，幅度要大、要圓。雙鉞於右側
交錯繞行時要把握尺度，切勿使雙鉞相碰畫腕。

33.紫燕繞林

兩腳碾地，使身體左後轉，左腿屈膝自然成左弓步。
同時，左手握鉞，隨體轉經上向左前斜掃，虎口朝右前；
右鉞向左、向前平掃至體前，虎口朝前，手心向上。目視
右鉞。（圖6-58）

【用途及要點】左鉞明掃敵上盤，右鉞暗掃敵中盤。
轉體、左鉞斜掃、右鉞平掃要同時完成。

圖 6-59　　　　　　　圖 6-60

34.羅漢掛鐘（右）

左腿支撐，右腳向右前快速掃掛。在右腳掃掛的同時，雙手握鉞，使雙鉞由前向下經身體右側向後下斜掛，右臂伸直，左臂屈肘。目視右鉞。（圖6-59）

【用途及要點】右腳掛掃前敵之下盤，雙鉞撩掛右後敵之中、下盤。右腳掛掃要用力，力在腳掌。雙鉞後掃時，兩臂用力向右後甩擺，以增加雙鉞的速度和力度。

35.羅漢掛鐘（左）

（1）右腳於體前落地，右腿屈膝成右弓步。同時，雙手握鉞，使雙鉞由右後下方向上、向前弧形擺至右前上方。目視右鉞。（圖6-60）

（2）右腿屈膝支撐，左腳向前快速掃掛。在左腳掃掛的同時，兩手握鉞，由右上向下經身體左側向後掃掛，左臂伸直，右臂屈肘於胸前。目視左鉞。（圖6-61）

【用途及要點】左腳掃掛左前敵之下盤，雙鉞同時斜

掃左前、左後方之敵。左腳掃掛與雙鉞斜向掛掃要同時完成。掃掛時上體稍左轉右傾。

36.哪吒伏龍

（1）左腳於體前落地，身體隨之右後轉，左腿屈膝，右腳腳尖著地，重心下沉成右虛步。同時，雙手握鉞，使雙鉞隨體轉經左向前畫弧，兩臂伸直。目視右鉞。（圖6-62）

（2）右腳向後偷步，上體隨之繼續右後轉，右腿屈膝半蹲，左腿伸直，成右弓步。同時，右手握鉞，經上向前劈鉞後，繼續向右下弧形繞行，右臂屈肘於腰側，虎口朝上；左鉞隨之向前直臂劈鉞，虎口朝前。目視左鉞。（圖6-63）

【用途及要點】雙鉞隨體轉
劈掃四方之敵。轉體要快，劈、
掃鉞要快速有力。

37.玉柱擎天

圖6-64

上體左轉，右腿直立支撐，
左腿屈膝提起，腳尖朝下，成右
獨立步。同時，左手握鉞，隨體
轉順勢擺至右胸前，虎口朝內；
右手握鉞，直臂舉於右前上方，
虎口朝後。頭向左擺。目視左方。（圖6-64）

【用途及要點】敵持械從前方攻我中上盤，我用左鉞
右掛敵械，右鉞撐挑敵上盤。轉體、提膝、左擺鉞、右撐
鉞與左擺頭要同時完成。

第 五 段

38.黑虎伸腰

右腳碾地，身體左轉，左腳向前落地，左腿屈膝成左弓
步。同時，左手握鉞，隨體轉向前撐擁，虎口朝上；右手握
鉞，直臂擺於身後，虎口朝上。目視左鉞。（圖6-65）

【用途及要點】左鉞撐扎敵中盤，右鉞扣劈後敵之上
盤。左鉞向前撐扎，右鉞後下扣劈時，兩臂力要使勻。

39.迎風擺荷

（1）兩腳不動。右手握鉞，由後向下經身體左側向前

圖 6-65

直臂平推鉞，手心向下；同時，左鉞由前屈肘向後畫弧至
右臂上，虎口朝右後。目視右鉞。（圖 6-66）

（2）左鉞向前直臂推撐，虎口朝右，右手握鉞，屈肘
回收至右腰側，虎口朝右，手心向上。同時，左腿直立，
右腳向前下搓擊地面，力在腳跟。目視左鉞。（圖 6-67）

（3）右腳於體前落地，右腿屈膝成右弓步。同時，右
手握鉞，直臂向前推撐，手心朝上；左手握鉞，屈肘後畫

圖 6-66

圖 6-67

至右臂上，虎口朝後。目
視右鉞。（圖6-68）

【用途及要點】雙鉞
交錯撐擁前方之敵，同時
右腳搓擊前敵下盤。搓腳
時用力要剛脆，雙鉞向前
撐擁要快速有力。

圖6-68

40.雙燕騰飛

（1）右腿直立，左
腳向前快速彈擊，腳面繃
平，力在腳尖。同時，兩
手握鉞，使雙鉞由前向下
分別經體側向後畫弧。目
視腳尖。（圖6-69）

圖6-69

（2）右腳蹬地跳起
後快速向前彈擊，左腿屈
膝收控於體前。同時，兩
手握鉞，由後繼續向上畫
弧。目視前方。（圖6-
70）

（3）左腳落地，左
腿稍屈。兩手握鉞，由上
屈肘降至體前，兩虎口均
朝上。目視前方。（圖
6-71）

圖6-70

（4）右腳經左腳內側向前落步，右腿屈膝半蹲，左腿伸直，成右弓步。兩手握鉞，同時向前直臂平扎，兩虎口均朝上。目視雙鉞。（圖6-72）

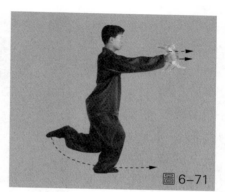

圖6-71

【用途及要點】雙腳快速彈擊前方之敵，雙鉞同時撩擊身後之敵，上架敵之來械，平扎前方之敵。雙腳前彈時要快速有力，力在腳尖。雙鉞立圓繞行時要圓、要活、要快，前扎要用力。

圖6-72

41.金龍擺尾

（1）右腳向前擺步，腳尖外展，上體隨之左轉，兩腿交叉屈膝。同時，右手握鉞，隨體轉向右前上方直臂畫弧，手心朝上；左鉞由前向下經身體左側向後畫弧撩鉞。目視右鉞。（圖6-73）

（2）右手握鉞，由

圖6-73

右前上方向下、向右
後弧形擺動，手心向
前；左手握鉞，屈肘
舉於左前上方，使左
鉞由後向前、向左上
弧形斜舉、虎口朝
後。同時，左腿屈膝
支撐，右腳向右快速
側踹，力在腳跟。目
視右腳。（圖6-
74）

圖6-74

【用途及要點】
敵分左、右兩方攻
我，我用右鉞外掛敵
械，腳踹敵中盤，同
時左鉞斜鏟左方之
敵。左鉞左上舉、右
鉞右後鈎畫與右腳側
踹要同時完成。側踹
時上體左傾。

圖6-75

42.獅子回頭

（1）上體左轉，右腳於體後落地，左腿屈膝成左弓
步。同時，右手握鉞，隨體轉向前直臂扎鉞，虎口朝上；
左鉞隨之稍向下降。目視右鉞。（圖6-75）
（2）重心後移，左腳向後偷步伸直，腳跟離地，右腿

屈膝半蹲，腳尖外展，成左插步。同時，雙手握鉞，使雙鉞由前向上、向右、向後畫弧，右臂伸直，左臂屈肘於腹前。目視右鉞。（圖6-76）

圖6-76

【用途及要點】雙鉞同時劈扎右後之敵。左插步宜大、宜穩，雙鉞向右後畫弧時盡量放大幅度，上體稍右傾左轉。

43. 玉龍盤柱

兩腳碾地，使身體左後轉，左腿屈膝半蹲，右腿伸直，成左弓步。同時，雙手

圖6-77

握鉞，隨體轉使雙鉞向左掃至左前方，左手心向下，右手心向上。目視右鉞。（圖6-77）

【用途及要點】左鉞隨體轉擋開四方敵之來械，右鉞隨左鉞掃擊四方之敵。轉體要快、要穩，雙鉞隨體轉而快速掃擊，掃轉時要快、要圓、要平。

44.太公釣魚

圖6-78

上體右轉，右腿屈膝向左提擺，右腳面貼扣於左膝後，左腿隨即屈膝。同時，右手握鉞，屈肘於右腰側，虎口朝上，使右鉞向右、向後弧形擺動；左手握鉞，向左直臂平鏟，手心向下。目視左鉞。（圖6-78）

【用途及要點】敵持械攻我中盤，我用右鉞右掛敵械，左鉞平鏟敵中盤。扣步平衡、左鉞左鏟、右鉞右後收要同時完成。

第 六 段

45.頭頂雙月

圖6-79

（1）右腳向右落地，兩腿屈膝。兩手握鉞，使雙鉞向右平擺，右臂伸直，左臂屈肘於胸前。目視右鉞。（圖6-79）

（2）左腳經右腳前向右橫擺，右腳隨即蹬地跳地，懸空中身體右轉270°。雙手握鉞，隨體轉使雙鉞由右向上經

頭頂上方畫弧至左前上方。目視左鉞。（圖6-80）

（3）左腳先落地，右腳於體後落地，上體隨之右轉，兩腿屈膝半蹲，成馬步。雙手握鉞，隨體轉向右平掃。右臂伸直，左臂屈肘。目視右鉞。（圖6-81）

【用途及要點】雙鉞於頭上雲繞為撥、畫、掃、掛敵之來械，同時雲掃四方之敵。跳起要高、要遠，懸空轉體要快，頭頂雲鉞要平、要圓、要快、雙鉞右掃要快速有力。

46.巧女摘花

右腿向左屈膝提擺，右腳面貼扣於左膝後，左腿隨即屈膝。同時，兩手握鉞，使雙鉞經前向左平掃，兩手心均向下，左臂伸直，右臂屈肘。目視左鉞。（圖6-82）

【用途及要點】雙鉞同時掃擊前、左方之敵。雙鉞左掃

與扣步平衡要協調。

47. 白馬撞槽

右腳向右落地，兩腿屈膝半蹲，成馬步。同時，兩手握鉞，使雙鉞由左經前向右快速平掃，右臂伸直，左臂屈肘於胸前，兩手心均向下。目視右鉞。（圖6-83）

【用途及要點】雙鉞同時平掃前、右方之敵。右腳落地與雙鉞右掃同時完成。

48. 小聖翻天

（1）上體向左擰轉，左腳向右腳後偷步，腳掌著地。同時，兩手握鉞，使雙鉞同時向右下沉降。目視右鉞。（圖6-84）

（2）左腳左擺，右腳蹬地跳起後向左裡合擺腿。同時，雙手握鉞，使雙鉞向左上畫弧。目視前下方。（圖6-85）

（3）身體繼續左轉，左腳先落地，左腿屈膝全蹲，右腿鋪平伸直，成右仆步。左手握鉞，經前向左直臂畫弧至左前上方；右手握鉞，向右腿前弧形插落，虎口朝前。目視右鉞。（圖6-86）

【用途及要點】左腳掃敵中盤，右腳旋掃敵上盤，左鉞畫掃左方之敵，同時右鉞劈插右方之敵。身體旋轉要快，左腿外擺後屈膝收控於體前，右腿旋擺時要伸直，腳面繃平，力在掌沿，雙鉞隨體轉而快速擺動。

49.燕子投井

（1）身體上起右轉，兩腿自然成右弓步。同時，右手握鉞，使右鉞雙尖向右畫弧，虎口朝前；左鉞經身體左側弧形繞至右肩前，虎口斜向後。目視左鉞。（圖6-87）

（2）左腳向右腳內側跟步，腳掌著地，兩腿屈膝下蹲，成低蹲步。同時，右手握鉞，繼續向後畫弧，虎口朝下；左手握鉞，由右前向左前下方斜切，虎口向前。目視左鉞。（圖6-88）

圖6-88

【用途及要點】敵持械攻我中、下盤，我用右鉞外撥敵械，左鉞斜切敵中、下盤。低蹲步與左鉞斜切、右鉞右後畫弧要協調一致。

50.彩蝶穿花

（1）身體上起，左腳向前上步，左腿屈膝成左弓步。

圖6-89

同時，左手握鉞，由左前下方向右、向上、向左前弧形繞畫，虎口朝右；右手握鉞，直臂舉於身後，虎口朝上。目視左鉞。（圖6-89）

（2）右腳向前上步。左手握鉞，屈肘下擺至體側，虎口斜向上；右手握鉞，使右鉞由後向上、向前、向左下立圓繞行，上體隨之左轉，兩腿稍屈。目視右鉞。（圖6-90）

（3）身體繼續左轉，左腳向後偷步，兩膝微屈。同時，左手握鉞，向下、向前上直臂畫弧，虎口斜向上；右

圖 6-90

圖 6-91

圖 6-92

圖 6-93

手握鉞，隨體轉向前經上向後弧形繞畫，虎口朝上。目視左鉞。（圖6-91）

（4）身體繼續左轉，兩腿屈膝。同時，左手握鉞，隨體轉經上向前畫弧，虎口朝上；右手握鉞，向下、向左、向上弧形斜擺至身後，虎口朝上。目視左鉞。（圖6-92）

（5）身體繼續左後轉，兩腿交叉屈膝。左鉞隨體轉順勢擺至右腋處，虎口朝後上；右手握鉞，由後經左上斜掃至左肩外，虎口向後。目視右鉞。（圖6-93）

圖 6-94　　　　圖 6-95

（6）兩腿交叉，屈膝下蹲，成歇步。兩手握鉞，使雙鉞同時向體側平掃，兩臂伸直，兩虎口均朝前。目視右鉞。（圖 6-94）

【用途及要點】雙鉞依次劈前敵、撩後敵，同時平鏟兩側之敵。轉體要快，下肢支撐要穩固，雙鉞隨體轉而快速繞行。全部動作連貫協調，一氣呵成。

51.抹袖藏鉞

（1）身體上起。左鉞由左向前弧形平擺，虎口朝右；右手握鉞，使右鉞向右後畫弧，虎口向外。目視左鉞。（圖 6-95）

（2）右腳向後退步伸直，左腿屈膝半蹲，成左弓步。同時，右手握鉞，由後經身體右側向前下斜扎；左鉞屈肘回收至右臂上，虎口斜向右後。目視右鉞。（圖 6-96）

（3）重心後移，右腿屈膝半蹲，左腳活步後移，腳掌著地，成左虛步。同時，右手握鉞，屈肘回收至右腰側，手心向上；左手握鉞，使左鉞向前下快速斜鏟，手心向

圖6-96

圖6-97

下。目視左鉞。（圖6-97）

【用途及要點】敵持械攻我下盤，我用左鉞外掛敵械，右鉞斜鏟敵下盤，敵抽械再進，我用右鉞外畫敵械，左鉞斜切敵身。兩鉞抽撤切鏟要快速有力，右腳退步與右鉞前鏟、左鉞後收要同時進行。左腳後移、重心下沉、右鉞回收、左鉞前鏟要同時完成。

圖6-98

52.雙鉞合一

右腳向前上步，腳尖虛點地面，左膝稍屈，成右虛點步。同時，左手握鉞，使左鉞由前下向上提擺，左手與肩同高，虎口朝上；右手握鉞，向前、向上直臂畫弧，使右鉞與左鉞並齊，左手及時接握右鉞柄。目視雙鉞。（圖6-98）

【用途及要點】成右虛點步時，右腿伸直，腳面繃平，腳尖點地；左手接握右鉞柄時要靈活快速。

圖 6-99

收　勢

左腳向右腳併步。兩臂自然下垂，左手握雙鉞柄，與右手同時貼於兩腿外側，手心向內，虎口朝前，使雙鉞尖向下。目視前方。（圖 6-99）

第七章

迷蹤拳刀加拐

　　刀加拐是迷蹤拳單練雙異器械之一，一重一輕（指招勢），一陰一陽，因雙械不一，難識其變，故昔日名師高人見使雙異器械者無不慎之。本趟刀加拐風格獨特，招勢怪異，隱發兼伴，有剛猛暴烈、迅疾如風之氣勢，又有協調圓活、綿縮軟巧緊相連。其特點是動靜分明，快慢相兼，攻防有致，動作舒展。

　　刀的主要技法有劈、砍、剁、撩、扎、崩、截、點、斬、抹、削、掃、雲、勒、掛、挑等等。

　　拐的主要技法有掃、打、劈、攔、撮、戳、架、點、撥、扣、掛、畫、擢、挑、崩等等。

動作名稱

動作圖解

預備勢

兩腳併步站立。左手握拐，右手握刀，分別貼於兩腿外側，兩臂自然下垂，左拐貼於左臂外，右刀平置於體側，刀尖朝前，刀刃向下。目視前方。（圖 7–1）

第　一　段

1. 平手托月

兩手握械，由體側同時向前上弧形直臂伸舉，使雙械於體前直立，雙械尖均朝上。目視右刀。（圖 7–2）

【用途及要點】左手直臂前伸，右手握刀舉至體前時屈腕上崩。

圖 7–1

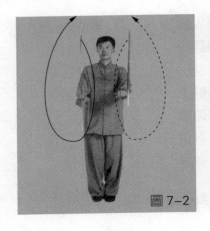

圖 7-2

圖 7-3

2.麒麟出洞

（1）右腳提起。兩手握械，由前向下分別經體側向後、向上立圓繞行，雙械尖均朝上。目視前上方。（圖7-3）

（2）右腳向左腳前震踏地面；左腳迅速左前移，腳尖著地，重心下沉成左虛

圖 7-4

步。同時，左拐向左前劈按，拐尖朝左前；右手握刀，屈肘擺於右腰側，使右刀由前向下、向後弧形勒刀，刀尖朝前。目視左拐。（圖7-4）

【用途及要點】敵持械從前方攻我，我右刀撥壓敵械，左拐戳擊敵身。右腳震落、左腳前移與劈按拐、勒刀同時完成。

圖7-5

3.麒麟跳澗

（1）左腳向左跨步，上體隨之左轉。左手握拐，隨體轉向左平掃至左前；右刀向右前下方伸探。刀尖向前下。目視刀尖。（圖7-5）

圖7-6

（2）右腳前擺，左腳蹬地跳起，懸空中身體右轉。同時，兩手握械，由前經上向右畫弧。目視右刀。（圖7-6）

（3）右、左腳依次落地，成左仆步。右刀隨重心下降繼續向右劈刀；左拐由右向下經體前向左掃擊。目視左拐。（圖7-7）

圖7-7

【用途及要點】
左拐掃掛敵械，右刀
扎敵下盤。刀劈右方
之敵，拐掃前、左方
敵之下盤。身體跳起
要高、要遠。跳轉與
雙械右畫同時進行。
兩腳落地與劈刀、掃
拐要協調一致。

圖7-8

4. 白蛇吐信

身體上起左轉，兩腿自然成左弓步。左手握拐，向左
下畫掛至左膝外側，拐尖向前下；右手握刀，使刀尖向下
經身體右側向前下直臂扎刀。目視刀尖。（圖7-8）

【用途及要點】敵持械攻我中、下盤，我左拐外掛敵
械，右刀扎敵中、下盤。右刀前下扎要剛猛快速，左拐畫
掛要蘊藏內力。

5.蒼鷹繞林

（1）右腳前擺，左
腳蹬地跳起，懸空中身體
左轉 270°。右手握刀，
向左經後背繞至右肩後；
左拐向左、向上弧形雲繞
至頭上。目視右前方。
（圖 7-9）

圖7-9

（2）右腳落地，左
腳向左後落步，上體隨之
左轉成左弓步。兩手握械，繼續向右隨體轉向左掃至體
前。目視左拐。（圖 7-10）

【用途及要點】雙械同時繞架敵械，掃擊右、前、左
方之敵。身體跳轉與纏頭刀、雲拐要同時進行。雙腳落地
與雙械前掃要協調。

圖7-10

圖 7-11　　　　　　　圖 7-12

6.勒馬送客

（1）兩腳用力碾地，使身體右轉 180°，成右弓步。同時，兩手握械，隨體轉掃至體前。目視右刀。（圖 7-11）

（2）重心後移，右腳向後偷步。右刀繼續向右、向上經後背繞至左肩外；左手握拐，屈肘擺於右腋前，使左拐平掃至體側。目視前方。（圖 7-12）

（3）右腿屈膝，左腳尖點地，重心下沉成左虛步。同時，右手握刀，屈肘擺於右腰後，使右刀向前、向

圖 7-13

下、向後勒刀，刀尖向前下；左手握拐，向前下弧形戳挑，拐尖朝前。目視拐尖。（圖7-13）

【用途及要點】右刀外掛敵械，左拐戳挑敵中、下盤。重心下沉與勒刀、戳挑拐要同時完成。

第 二 段

7.麒麟回頭

（1）右腳前擺，左腳蹬地小跳。右手握刀，使刀尖向前、向上引伸；左拐稍向左上舉。目視刀尖。（圖7-14）

圖7-14

（2）右腿落地屈膝，左腳尖於體前虛點地面，成左虛步。同時，兩手握械，由前同時經上向右後反劈。目視右刀。（圖7-15）

【用途及要點】敵分前後攻我，我用雙械前挑敵械，後劈敵身。跳步不宜太高、太遠。雙械右後反劈時上體稍右轉，頭向右後擺。

圖7-15

8.迎風朝月（右）

右腳前上一步，右
腿屈膝半蹲，左腿伸
直，成右弓步。在右腳
向前上步的同時，兩手
握械，由右後向下經身
體右側向前上撩擊。目
視左拐。（圖7-16）

圖 7-16

【用途及要點】左
拐撩架敵械，刀撩敵身。雙械前撩時速度不宜太快，要蘊
藏內力。上步、雙械前撩要同時完成。

9.迎風朝月（左）

（1）右腳活步後移，腳尖著地，左腿屈膝，成右虛
步。同時，兩手握械，由前向上、向左後畫弧。目視左
拐。（圖7-17）

圖 7-17

圖 7-18

（2）右腳稍前移，左腳隨之前上一步，左腿屈膝半蹲，右腿伸直，成左弓步。在左腳向前上步的同時，兩手握械，由左後向下經身體左側向前上撩擊。目視右刀。（圖7-18）

【用途及要點】雙械同時撩擊前方之敵。雙械前撩時要貼近身體，但不可觸地碰身。

10.野馬分鬃

（1）右腿屈膝，左腳稍向後移，腳尖著地，成左虛步。兩手握械，由前向上、向右後反劈。目視左拐。（圖7-19）

圖 7-19

（2）右腳前上一步，右腿屈膝成右弓步。在右腳上步的同時，兩手握械，由右後向下經身體右側向前上撩擊。目視右刀。（圖7-20）

圖7-20

（3）身體左轉180°，成左弓步。左手握拐，經上向前直臂劈打；右手握刀，隨體轉擺至身後。目視左拐。（圖7-21）

（4）兩腳不動。左手握拐，屈肘擺至右腋下，使左拐由前向右、向後弧形平掃；右手握刀，由後經上向前直臂劈刀。目視右刀。（圖7-22）

【用途及要點】左拐掃敵中、上盤，敵低身躲閃，右刀劈敵頭、肩部位。轉體、上步、掃拐、劈刀要同時完成。

圖7-21

11.金鵬展翅

左腿屈膝後擺，腳掌朝上，上體隨之前俯，右腿屈膝支撐。同時，左手握拐，由後向下經身體右側向前直臂撩拐；右手握刀，由前向下經身體右側向後反撩。目隨視右刀。（圖7-23）

【用途及要點】敵分前後攻我，拐撩前敵，刀劈後敵。右腿支撐要穩固，上體盡量向前伸探，雙械前後撩擊幅度宜大。

圖7-22

圖7-23

圖 7-24

12.太歲追風

（1）左腳於身後落地，上體隨即左後翻轉，兩腿自然成左弓步。左手握拐，經上向前直臂劈打；右手握刀，隨體轉擺於身

圖 7-25

後，刀尖向後。目視左拐。（圖 7-24）

（2）兩腳不動。左手握拐，屈肘回收於左腰側，拐尖朝前；右手握刀，由後向上、向前直臂劈刀。目視右刀。（圖 7-25）

【用途及要點】雙械依次劈砍前方之敵。左拐劈掛敵械，刀劈敵上盤。轉體、左拐劈收、右刀前劈要協調。

圖 7-26

13.鳳凰撢巢（右）

（1）右腳向前上步，腳尖內扣，上體隨之左轉180°。同時，兩手握械，隨體轉向上、向前畫弧。目視雙械。（圖7-26）

（2）左腳向後插步伸直，腳跟離地，右腿屈膝半蹲，腳尖外展，成左插步。同時，兩手握械，使雙械由前同時向下經身體右側向後撩擊，右臂伸直，左臂屈肘於胸前。目視左拐。（圖7-27）

【用途及要點】

敵分前後攻我，我用雙械同時劈砍前方之敵，順勢反撩身後之敵。插步宜大、宜穩。插步與雙械後撩要同時完成。

圖 7-27

14.鳳凰撣巢（左）

（1）重心後移，右
腳離地後擺。兩手握械，
由後向下經身體右側向前
上撩擊。目視左拐。（圖
7-28）

（2）右腳於身後落
地伸直，左腿屈膝，腳尖
外展。同時，兩手握械，
由前上向左後弧形劈落。
目視左拐。（圖 7-29）

【用途及要點】雙械
同時撩擊右前之敵，反劈
左後之敵。右腳後擺與雙
械前撩同時進行。落步與
雙械左後反劈要同時完
成。雙械後劈時上體稍左
轉右傾。

圖 7-28

圖 7-29

15.愚公劈山

身體右轉，左腳向右腳內側跨落，腳尖著地，兩腿屈
膝下蹲，成左丁步。同時，右手握刀，隨體轉向上、向右
直臂繞弧形劈刀；左拐向右、向上橫架於頭上方，拐尖向
右。目視右刀。（圖 7-30）

【用途及要點】刀劈右後之敵，拐架敵之來械。重心

圖 7-30

下沉與雙械劈、架要同時完成。

第 三 段

16.撥轉天地（左）

（1）身體上起左轉。左手握拐，由上向前劈；右手握刀，隨體轉舉於身後，刀尖向後。目視左拐。（圖 7-31）

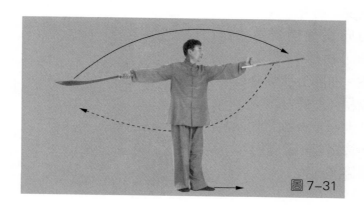

圖 7-31

圖7-32

（2）左腳向前上步，屈左膝成左弓步。左拐由前向下經身體左側向後畫弧；右手握刀，由後經上向前弧形上掛，刀尖朝前上。目視右刀。（圖7-32）

（3）右腿前上一步屈膝半蹲，左腿伸直，成右弓步。右手握刀，由前向下經身體左側向後弧形掛刀；左拐由後向上、向前直臂畫弧。目視左拐。（圖7-33）

【用途及要點】左拐撩身後之敵，刀劈前敵。敵持械攻我左前方，我用刀向左後撥掛敵械，拐劈打敵上盤。左腳上步與後撩拐、前劈刀要同時進行。右腳上步與後掛刀、前劈拐要協調一致。

圖7-33

17. 撥轉天地（右）

（1）兩腳不動。左手握拐，由前向下經身體右側向後畫弧；右手握刀，由後向上、向前弧形上掛，刀尖朝前上。目視右刀。（圖7-34）

（2）右手握刀，由前向下經身體右側向後畫弧；左拐由右後向上、向前畫弧。目視左拐。（圖7-35）

（3）左腳前上一步，左腿屈膝半蹲，右腿伸直，成左弓步。同時，左拐由前向下經身體右側向後畫弧；右手握

圖7-34

圖7-35

圖 7-36

刀,由後向上、向前直臂劈刀,兩臂於胸前交叉。目視右
刀。(圖7-36)

【用途及要點】雙械交替劈前敵、撩後敵。敵持械攻
我中、上盤,我拐掛敵械,刀劈敵上盤。雙械於體側繞行
時要貼近身體,雙臂力要使勻。

18.雙鳳落架

(1)兩腳不動。右手握刀,由前向下經身體左側向後
弧形掛刀;左拐由後向上、向前畫弧。目視右刀。(圖7-
37)

(2)右刀由後向上、向前弧形劈刀;左拐由前向下經
身體左側向後畫弧。目視右刀。(圖7-38)

(3)右腳向前上一步,右腿屈膝半蹲,左腿伸直,成
右弓步。同時,右手握刀,由前向下經身體左側向後畫
弧;左拐由後向上、向前直臂劈拐,兩臂於胸前交叉。目
視左拐。(圖7-39)

图7-37

图7-38

图7-39

圖 7-40　　　　　　圖 7-41

（4）左腳前擺，右腳蹬地跳起，懸空中身體右轉。左拐由前向下，隨體轉向右、向上、向左立圓繞畫至身體左側；右刀由左後向上、向前、向下、向右繞弧形掛刀。目視右刀。（圖 7-40）

（5）左腳落地，上體左轉，右腳面貼扣於左膝後，左腿隨即屈膝。同時，兩手握械，使雙械由體側分別向上、向兩肩外側劈落，兩臂於胸前交叉，右手在上。目視右刀。（圖 7-41）

【用途及要點】雙械同時劈撩左、右之敵。雙械同時劈砍左、右之敵。全部動作要連貫協調，一氣呵成。

19.枯樹盤根

右腳向左後落步，上體右轉，兩腿交叉屈膝下蹲，成歇步。兩手握械，使雙械由身體兩側同時向上、向體側繞弧形劈落。目視右刀。（圖 7-42）

【用途及要點】雙械同時劈砸左、右方之敵。落步、

圖 7-42

重心下沉與雙械側劈要同時完成。

20.瞻前顧後

（1）身體上起左轉，左腳向前上步，左腿屈膝成左弓步。左手握拐，由前向下經身體左側向後反撩；右刀由後向下經身體右側向前直臂撩刀。目視右刀。（圖 7-43）

圖 7-43

（2）右腳前上
一步，屈右膝成右弓
步。右手握刀，由前
向下經身體右側向後
反撩；左拐由左後向
下經身體左側向前撩
拐。目視左拐。（圖
7–44）

圖 7–44

【用途及要點】
雙械交替撩擊前後之
敵，撥掛左、右敵之來械。雙械前後撩擊時要快速有力。
上步，前撩擊要同時完成。

21.撥草尋蛇

右腿屈膝支撐，左腿屈膝提起，腳面繃平。左手握
拐，由前向左經身體左側向後斜掃；右手握刀，由後向
下、向前、向左掛刀至左膝外，刀尖向左下方。目視右
刀。（圖 7–45）

【用途及要點】左拐撩掃左後之敵，右刀背撥掛敵之
來械，刀尖穿挑敵下盤。提膝、掃、拐、繞掛刀同時完
成。

22.旋馬劈山

（1）左腳體前落地，上體隨之左轉，右腿隨體轉屈膝
提起。右手握刀，隨體轉繼續向左畫弧至左肩外；左拐稍
向左伸。目視右刀。（圖 7–46）

圖 7-45

圖 7-46

圖 7-47

（2）右腳向右落地，兩腿屈膝半蹲，成馬步。同進，右手握刀，由左經上向右繞弧形劈刀；左拐由左向上、向右屈肘架於頭上方，拐尖向右。目視右刀。（圖 7-47）

【用途及要點】兩械撥掛前、左方敵之來械。右刀劈砍右方之敵，左拐上架敵械。左腳落步、右腿提膝與雙械左掛要同時進行；右腳落地與劈刀、架拐要協調一致。

第四段

23.沐雨披風

（1）上體左轉，兩腿自然成左弓步。左手握拐，由上向前、向左斜掃至體側；右刀隨體轉掃至體前。目視右刀。（圖7-48）

（2）右腳向前上一步，腳尖內扣，上體隨之左轉。右手握刀，向左經後背繞至右肩後；左拐繼續左掃。目視左前方。（圖7-49）

（3）左腳向後插步伸直，腳跟離地，右腿屈膝半蹲，腳尖外展，成左插步。右手握刀，繼續向右平掃至體側；左拐向後、向上雲繞至頭上方，拐尖向右。目視右刀。（圖7-50）

（4）兩腳用力碾地，使身體左轉270°，成左弓步。左手握拐，由上向前、向左掃至體側；右刀隨體轉掃至體前。目視右刀。（圖7-51）

圖7-48

图7-49

图7-50

图7-51

【用途及要點】左拐隨體轉蕩開四方敵之來械，右刀隨拐掃擊四方之敵。兩腿隨體轉自然成左弓步，轉體、雙械左掃要協調。

24.蘇秦背劍

（1）右腳前上一步，腳尖內扣，上體隨之左轉，左腿屈膝成左弓步。兩手握械，隨體轉掃至左前。目視右刀。（圖7-52）

（2）左腳向後插步，兩腿屈膝交叉下蹲。兩手握械，由左前向上、向右後反劈。目視右刀。（圖7-53）

圖7-52

【用途及要點】左拐撥掛敵械，刀掃敵中盤。雙械同時劈砍右後之敵。重心下移時兩腿要夾緊，雙械繞劈要快速有力。

圖7-53

25. 青龍翻身

上體左轉 270°，
兩腿自然成左弓步。
兩手握械，隨體轉掃
至體前。目視左拐。
（圖 7-54）

【用途及要點】
雙械同時掃擊前、
左、後之敵。轉體要
快，雙械掃擊要平、
要圓、要快速有力。
兩腿隨體轉上起而自
然鬆開。

圖 7-54

26. 回馬掃刀

身體右轉，右腿
屈膝提起，腳面繃
平，腳尖朝下。右手
握刀，經前向右平
掃；左拐向前、向
右、向上橫架於頭
上。目視右刀。（圖 7-55）

圖 7-55

【用途及要點】拐上架敵械，刀平掃敵身。轉體、提
膝、架拐、掃刀要同時完成。

27.蒼鷹搏兔

（1）右腳向右落地，屈右膝成右弓步。右手握刀，由右向下、向後畫弧，刀尖向下，刀刃朝後；左手握拐，由上向右前劈打。目視左拐。（圖7–56）

（2）左腳向右腳併步，腳尖著地，兩腿屈膝下蹲，成左丁步。同時，左拐由右前向下經身體左側向後畫弧；右手握刀，由後向下經身體右側向前上抄挑。目視右刀。（圖7–57）

圖7–56

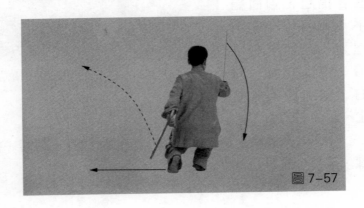

圖7–57

【用途及要點】拐劈右前之敵，刀撩身後之敵。刀扎前敵上盤，拐掃後敵下盤。右腳落步與左拐前劈、右刀後畫同時進行。併步重心下沉與後撩拐、前挑刀要協調一致。

28. 倚天屠龍

（1）上體左轉，左腳向前上步，屈左膝成左弓步。左手握拐，向上、向左畫弧至體前；右手握刀，隨體轉擺至身後，刀尖向下。目視左拐。（圖7–58）

（2）左腿直立，右腿屈膝提起，腳尖朝下，成左獨立步。同時，左手握拐，由前向後、向上斜舉，拐尖向右上；右刀由後向下經身體右側向前、向左、向上斜舉，刀尖向左上，使雙械交叉於體前上方。目視雙械交叉處。（圖7–59）

【用途及要點】敵從前方攻我中、上盤，我用左拐撥攔敵械，刀穿挑敵中、上盤。兩械交叉上架敵械。提膝、

圖7–58

圖7–59

圖 7-60

圖 7-61

雙械上架要協調一致。

29.望風捕影

（1）右腳向體前落地。雙手握械，由上向前、向下分別經體側向後立繞。目視前方。（圖 7-60）

（2）左腳前擺，右腳蹬地跳起。同時，雙手握械，由身後繼續向上繞行。目視前上方。（圖 7-61）

圖 7-62

（3）左腳先落地，右腳隨之落於左腳前，兩腿屈膝下蹲。雙械由上向前交叉劈落，左拐壓於右刀背上。目視雙械。（圖 7-62）

【用途及要點】雙械同時撩擊身後之敵，劈剁前方之敵。身體跳起要高、要遠，落地要輕穩，雙械前劈要用力。

圖 7-63

圖 7-64

30.蒼龍擺頭

（1）身體上起左轉。左手握拐，隨體轉掃至身體左側，左手與肩同高；右手握刀，向左經後背繞至右肩後。目視左拐。（圖7-63）

（2）左腳後提。右刀繼續右掃；左手握拐，由左向後、向上雲拐至頭上，拐尖向右。目視右刀。（圖7-64）

圖 7-65

（3）左腳於身後落地，上體隨之左轉180°，成左弓步。同時，左手握拐，由上向前下、向左掃至體前，再屈肘上架於頭上方，拐尖向右；右手握刀，平擺至左腋下，使右刀隨體轉掃至體側，刀背貼肋，刀尖朝後。目視前方。（圖7-65）

圖 7-66　　　　　　　　　　　　　圖 7-67

【用途及要點】雙械依次掃擊右側之敵。左拐掃架敵械，右刀平掃敵身。轉體要快，雙械平雲要平、要圓、要快。左腳落地、轉體、掃架拐、掃刀要同時完成。

31.夜戰八方

（1）身體右轉，右腿屈膝成右弓步。右手握刀，隨體轉平掃至身體右側；左拐由上向前、向右，經頭上向後、向左掃至體左側。目視右刀。（圖 7-66）

（2）左腿直立，右腿屈膝提起，腳尖向下。同時，左手握拐，屈肘擺於右腋下，使左拐由左經前掃至右腋後；右手握刀，由右向上經後背繞至左肩後。目視右前下方。（圖 7-67）

（3）右腳向右落地，屈右膝半蹲，左腿伸直，成右弓步。同時，右手握刀，由左肩上向前、向下經身體右側向後屈肘勒刀，刀尖向前下；左拐由右後向下、向前、向上畫弧。目視左拐。（圖 7-68）

圖 7-68

圖 7-69

【用途及要點】雙械同時掃擊左、右方之敵。右刀勒抹前、右方之敵，拐挑撩前方之敵。右腳落步與勒刀、撩拐同時完成。

32. 白龍投江

重心移於左腿，成左橫襠步。同時，左手握拐，使左拐尖由前向下、向左掃至左膝外，拐尖向前下；右刀向前下直臂斜扎。目視刀尖。（圖 7-69）

【用途及要點】敵持械從前方攻我中、下盤，我用左拐外掛敵械，刀扎敵中、下盤。拐畫掃要快速，刀前下扎要用力，力在刀尖，重心左移、畫拐、扎刀要同時完成。

第 五 段

33.太師觀陣

上體稍右轉，右腿直立，左腿屈膝提起，腳尖朝下，成右獨立步。右手握刀，由前向右、向後、向上屈肘架於頭上，刀尖向左；左拐向右平掃至體前，向上崩起。目視拐尖。（圖7-70）

【用途及要點】刀掃前、右方之敵，上架敵之來械，拐掃前敵，上崩敵械。提膝、架刀、崩拐要協調一致。

34.霸王劈山（左）

上體稍左轉，左腳向體前落地，屈左膝成左弓步。左

圖7-70

圖 7-71

手握拐，由前向下、向左後斜掃；右刀由上向前劈。目視
右刀。（圖 7-71）

【用途及要點】敵持械攻我中、下盤，拐左掛敵械，
刀劈敵上盤。劈刀要短促有力，力在刀刃，上步、掛拐、
劈刀要同時完成。

35.霸王劈山（右）

（1）右腳離地
提起。左手握拐，繼
續後掃；右刀由前向
下、向左後畫弧，刀
尖向後。目視左拐。
（圖 7-72）

（2）右腳向體
前落地，屈右膝成右
弓步。右手握刀，由
左後向上、向前劈刀

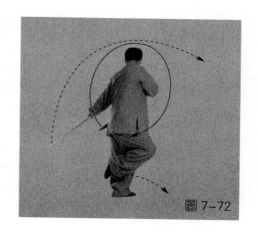

圖 7-72

後，屈肘回收於右腰側，刀尖向前下；左拐由後經上向前直臂弧形劈拐。目視左拐。（圖7-73）

【用途及要點】雙械交替劈砍前方之敵，掃擊體側之敵。雙械前劈時要快速有力。

36.李廣射石

左腿屈膝提起。左手握拐，屈肘向左撥挎，拐尖向左前上方；右手握刀，向前下直臂斜扎。目視刀尖。（圖7-74）

【用途及要點】敵持械攻我中、上盤，我用左拐撥挎敵械，刀扎敵襠、腹部位。提膝、左拐撥挎、刀前下扎要同時完成。

37.順風掃蓮（左）

左腳向前擺落，腳尖外展，兩腿屈膝。同時，兩手握械，由前向左後平掃。目視左拐。（圖7-75）

【用途及要點】雙械同時掃擊左後之敵。上步、雙械左後掃要協調。

38. 順風掃蓮（右）

右腳向前蓋步，腳尖外展，兩腿屈膝交叉。同時，兩手握械，由左後經前向右後繞弧形平掃。目視右刀。（圖7-76）

【用途及要點】刀背撥掃左、前、右方敵之來械，拐隨刀掃擊三方之敵。右腳落地與雙械同掃要協調。

39. 白龍臥池

（1）左腳前擺，右腳蹬地跳起，懸空中身體

右轉 180°。同時，兩手握
械，隨體轉掃至右前上方。目
視右刀。（圖 7-77）

（2）左腳先落地，右腳
向左後落步；兩腿屈膝交叉下
蹲，成歇步。同時，兩手握
械，隨體轉經上向左後劈落，
左臂伸直，右臂屈肘於胸前。
目視左拐。（圖 7-78）

【用途及要點】敵掃擊我
下盤，我跳起躲過。兩械同時
撩右敵，劈後敵。身體跳轉與

圖 7-77

雙械右擺同時進行。兩腳落地與雙械左後劈要協調一致。

40.蒼龍回首

（1）上體右後翻轉，右腳向前上半步，屈右膝成右弓
步。右手握刀，經上向前劈；左手握拐，隨體轉擺至身

圖 7-78

後，拐尖朝後。目視右刀。（圖7-79）

（2）兩腳不動。右手握刀，屈肘回收於右腰側，刀尖朝前；左拐由後向上、向前直臂弧形劈拐。目視左拐。（圖7-80）

【用途及要點】敵持械從身後攻我，我速轉體，用力撥壓敵械，拐劈打敵頭肩。上體翻轉要疾，雙械隨體轉用力快速前劈。

圖7-79

圖7-80

圖 7-81

41. 毒蛇入洞

上體左轉，右腿直立，左腿屈膝提起，腳尖朝下。同時，左手握拐，隨體轉屈肘左帶，使左拐橫直於胸前；右刀向右下方直臂斜扎。目視刀尖。（圖 7-81）

【用途及要點】敵持械攻我前方，我側身躲過，並用左拐畫帶敵械，同時右刀扎敵襠、腹。轉體、提膝、畫拐、扎刀同時完成。

圖 7-82

42. 怪蟒翻身

（1）左腳經右腳後右擺，右腳蹬地跳起，懸空中身體左轉 270°。兩手握械，隨體轉向左、向上雲繞至頭前上方，雙械尖均朝上。目視前方。（圖 7-82）

（2）身體繼續左轉，左、右腳依次落地，成右仆步。兩手握械，同時向右下劈落，右臂伸直，左臂屈肘於胸前。目視右刀。（圖7-83）

【用途及要點】左拐劈掛敵械，刀劈敵身。身體跳轉要快，雙械下劈要用力。

第 六 段

43.巧摘魁星

（1）身體上起左轉，右腳前上一步，屈右膝成右弓步。兩手握械，隨體轉平掃至體前。目視左拐。（圖7-84）

圖7-83

圖7-84

圖 7-85

（2）兩腳用力碾地，使身體左轉 180°，成左弓步。左拐隨體轉掃至體側；右手握刀，經身體右側向前上推抹，刀刃朝前，刀尖向右。目視右刀。（圖 7-85）

【用途及要點】雙械同時掃抹四方之敵。轉體要快，雙腳托身要穩，雙械隨體轉而快速掃擊。

44.懶龍伸腰

左腳向後插步伸直，腳跟離地，右腿屈膝半蹲，腳尖外展，成左插步。同時，右手握刀，由前向下經身體右側向後撩截；左手握拐，屈肘前上舉，使左拐由左向前、向上斜架於頭上，拐尖向右後上方。目視右刀。（圖 7-86）

圖 7-86

【用途及要點】左拐掃打敵身、上架敵械，同時右刀反撩敵身、下截敵械。插步掃架拐、撩截刀要同時完成。

45.鴻雁斜飛

（1）身體左轉 180°，左腿屈膝，右腿伸直，成左弓步。左手握拐，隨體轉經上向前直臂劈拐；右手握刀，擺至身後，刀尖向後。目視左拐。（圖 7-87）

（2）左腿屈膝支撐，右腳向前上快速彈踢。左手握拐，由前向下經身體左側向後畫弧；右刀由後向上、向前於右腿內側下劈。目視右刀。（圖 7-88）

圖 7-87

【用途及要點】雙械依次劈砍前方之敵，同時右腳彈擊敵身。右腳前彈與雙械前劈要協調。

圖 7-88

46.白蛇守洞

（1）左腳蹬地跳起，右腳於空中前縱，懸空中身體左轉。兩手握械，隨體轉順勢向左前上方畫弧。目視左拐。（圖7-89）

圖7-89

（2）右腳先落地，左腳向右腳後插步，兩腿屈膝交叉下蹲，成歇步。右手握刀，由左經上向右劈刀；左拐向上、向右橫架於頭上方。目視右刀。（圖7-90）

【用途及要點】刀劈右側之敵，拐架敵之來械。雙腳落地與劈刀、架拐要協調一致。

圖7-90

圖7-91

47.雲龍伸爪

　　身體上起，左腳向左跨步，上體隨之左轉，成左弓步。左手握拐，由上向前、向下經身體左側向後劈掃；右手握刀，隨體轉向前直臂推抹。刀刃朝前，刀尖向右。目視右刀。（圖7-91）

圖7-92

　　【用途及要點】拐劈前敵掃後敵，右刀推抹前方之敵。跨步、轉體、劈拐、抹刀要協調。

48.烏龍盤頂

　　（1）上體右轉，成右弓步。雙手握械，隨體轉掃至右前上方。目視右刀。（圖7-92）

（2）左腳右擺，右腳蹬地跳起，懸空中身體右轉 270°。雙手握械，由右經頭上平雲至左前。目視左拐。（圖 7-93）

圖 7-93

（3）左腳先落地，右腳於身後落步，上體隨之右轉，兩腿屈膝成馬步。同時，兩手握械，向右斜掃。目視右刀。（圖 7-94）

【用途及要點】雙械雲、撥、畫、架敵之來械，同時掃擊前、右敵之腰、肋。身體跳起與雙械雲繞同時進行。雙腳落地與雙械右向斜掃要同進完成。

49. 黃龍折身

（1）上體左轉，左腿屈膝成左弓步。左手握拐，隨體轉掃至左前；右手握刀，由右向下經體側向前上直臂斜

圖 7-94

扎。目視刀尖。（圖7-95）

（2）上體右轉，左腿屈膝全蹲，右腿伸直平鋪，成右仆步。雙手握械，隨體轉向右平掃。目視右刀。（圖7-96）

【用途及要點】左拐劈前敵掃左後之敵，刀扎敵喉、面。雙械同時掃擊右敵之下盤。轉體、劈掃拐、扎刀要同時進行。轉體、仆步、雙械右掃要協調一致。

圖7-95

圖7-96

50.霸王點兵

重心右移，身體上起，左腳向體前上半步，腳尖虛點地面，成左虛步。同時，左手握拐，屈肘左擺，使左拐直立於體側；右刀向左前畫弧，隨之向右前上方直臂斜扎。目視左方。（圖 7-97）

【用途及要點】左拐挎攔左方敵之來械，刀尖挑扎前敵上盤。虛步、挎拐、扎刀要同時完成。擺頭時目先視刀尖，後向左擺，目視左方。

收　勢

右腳向左腳併步。兩臂自然下垂，兩手握械，貼於兩大腿外側，左拐貼於左臂外，拐尖向上；右刀刀尖朝前，刀刃向下。目視前方。（圖 7-98）

圖 7-97

圖 7-98

導引養生功 系列叢書

陸續出版敬請期待

張廣德養生著作

每冊定價 **350** 元

全系列為彩色圖解附教學光碟

國家圖書館出版品預行編目資料

迷蹤拳（八）／李玉川　劉俊琦　編著
　　──初版，──臺北市，大展，2006 年〔民 95〕
　　　　面；21 公分，──（迷蹤拳系列；8）
ISBN 957-468-284-6（第 1 冊：平裝附影音光片）.--ISBN 957-468-
308-7（第 2 冊：平裝附光碟片）.--ISBN 957-468-325-7（第 3 冊：
平裝）.--ISBN 957-468-351-6（第 4 冊：平裝附影音光碟片）.--
ISBN 957-468-387-7（第 5 冊：平裝）.--ISBN 957-468-416-4（第
6 冊：平裝）.--ISBN 957-468-465-2（第 7 冊：平裝）.--ISBN 957-
468-480-6（第 8 冊：平裝）
　1. 拳術─中國
528.97　　　　　　　　　　　　　　　　　　　93000810

迷 蹤 拳（八）

ISBN 957-468-480-6

著　　者／李玉川　　劉俊琦
責任編輯／新　　硯
發 行 人／蔡森明
出 版 者／大展出版社有限公司
社　　址／台北市北投區（石牌）致遠一路 2 段 12 巷 1 號
電　　話／（02）28236031・28236033・28233123
傳　　眞／（02）28272069
郵政劃撥／01669551
網　　址／www.dah-jaan.com.tw
E-mail ／ service@dah-jaan.com.tw
登 記 證／局版臺業字第 2171 號
承 印 者／高星印刷品行
裝　　訂／建鑫印刷裝訂有限公司
排 版 者／弘益電腦排版有限公司
授 權 者／北京人民體育出版社
初版 1 刷／2006 年（民 95 年）9 月

定價／300 元